MARIUSZ MIERZWIŃSKI
MAREK ŻAK

# DIE MARIENBURG DAS SCHLOß DES DEUTSCHEN ORDENS

OFICYNA WYDAWNICZA
EXCALIBUR

Markante Punkte des Tieflandes im nord-östlichen Polen bilden wehrhafte Burgen aus tiefrotem Backstein. Ihr Ursprung reicht bis in die Zeit des Mittelalters und das Gros davon verdankt ihre Entstehung der Bautätigkeit des Deutschen Ritterordens. Sie sind bis zu unserer Zeit besser oder schlechter erhalten geblieben, manche nur als malerische Ruinen. Alle weisen jedoch noch heute eine erstaunliche technisch-bauliche Vollkommenheit und Stileinheit auf - eine Eigenschaft, dank der sie eine so charakteristische Komponente der pommerellisch-preußischen Landschaft sind. Die größte und bedeutendste von allen ist die Burg in Malbork- die Marienburg - die vom Anfang des 14. bis zur Hälfte des 15. Jh. die Funktion der Hauptstadt des Ordensstaates ausübte. Die monumentale dreiteilige Festung, effektvoll am langen Flußabhang gelegen, erregt immer weiter allgemeine Begeisterung für die Kunst der alten Baumeister. Vielleicht ist unsere heutige Begeisterung viel zu romantisch, vielleicht verstehen wir den ganzen symbolischen Inhalt dieses mittelalterlichen Baudenkmals nicht, aber jeder Kontakt mit der Burg, bedeutet ein tiefes, unvergessliches Erlebnis.

Die Marienburg gehört zu den größten touristischen Attraktionen in Nordpolen. Wir betrachten sie heute vor allem als ein außergewöhnlich wertvolles Kunstwerk - ein Baudenkmal der mittel alterlichen Architektur mit vielen architektonischen Komplexen, die Entwicklungsformen der gotischen Gewölbe illustrieren und die Beispiele des hochwertigen plastischen Dekors präsentieren. Ihre gut überlegte Raumdisposition wurde zum Muster für viele spätere Wehranlagen. Die Burg ist auch ein Fortifikationskunstdenkmal, das klar, fast didaktisch, die Entwicklung der Befestigungsanlagen vom 13. bis zum 19. Jh. zeigt. Das ist eine fast unerschöpfte Quelle der Untersuchungen über die mittelalterliche Kultur und die neuzeitliche Epoche.

Die Burg ist endlich auch ein historisches Denkmal, nicht nur als ein repräsentativstes Symbol des feindpolnischen Kreuzritterstaates,

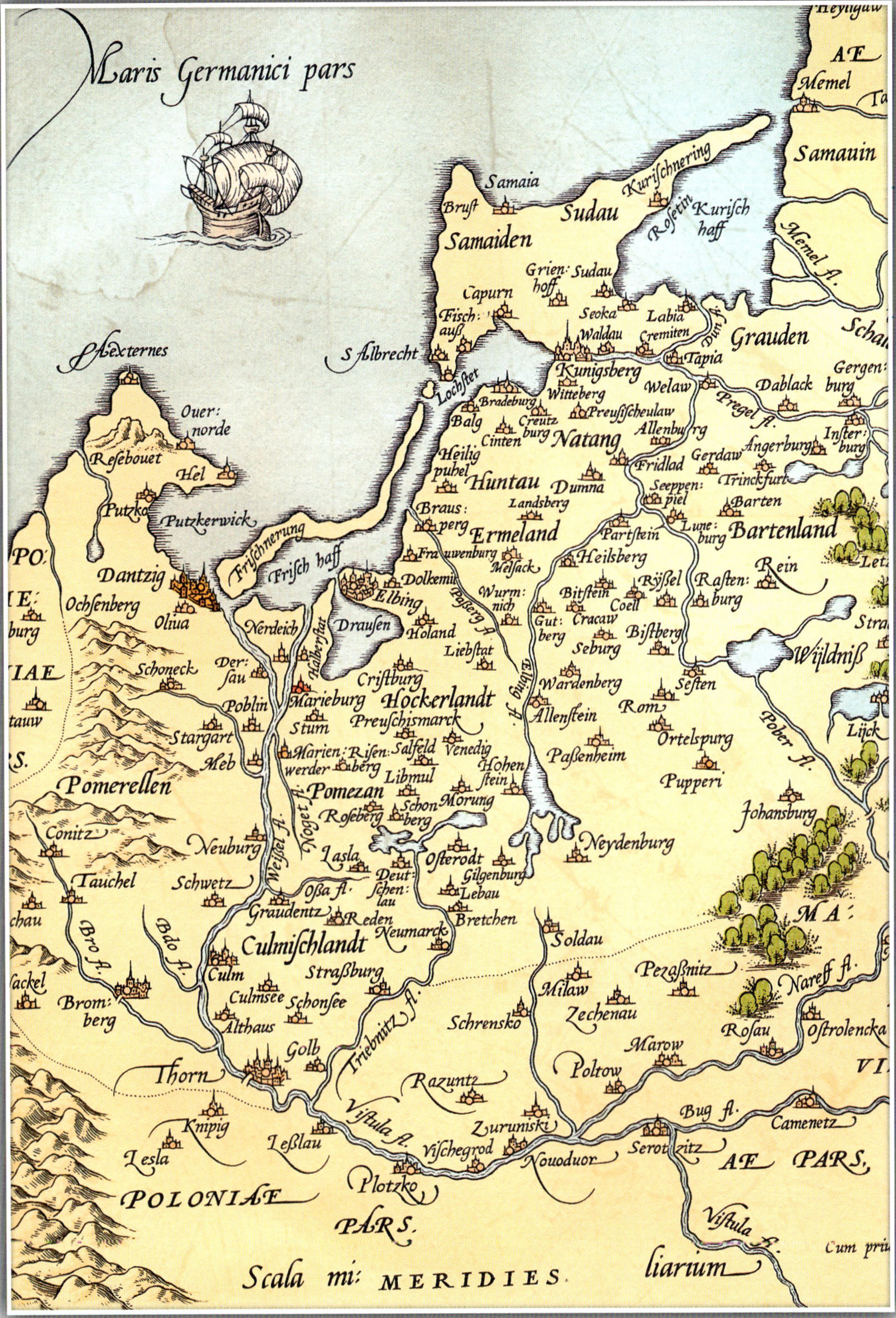


*Die älteste Karte Preußens, Heinrich Zell, 1542, hrsg. im 17. Jh.*

sondern auch als die Residenz der polnischen Könige, die Stätte der hohen Ämter der polnischen Verwaltung und eins der größten Arsenale des Königreiches Polen, während der Zeit der polnischen Herrschaft. Die Burg bildet schon einen dauerhaften Bestandteil des historischen Mythus im Bewusstsein der Polen und Deutschen. Hier in den Mauern der Burg sind die Fragmente der Geschichte der Prussen, Litauer, Samogiten, Schweden und Franzosen gemeinsam verflochten und auch das Schicksal der Vertreter anderer Völker, die hierher im Mittelalter aus dem ganzen Europa zu den Feldzügen gegen die Heiden zogen. Es ist schwer die Bedeutung der Burg zu beurteilen, ihre Quelle bilden historische Zusammenhänge in der Zeit vom 14. bis zum 19. Jh.

Die Burg ist auch ein beinahe klassisches Beispiel des Baudenkmals, das die Geschichte der Entwicklung der europäischen Restaurierungtheorie und ihrer praktischen Realisierung vom Anfang des 19. Jh., bis heute, illustriert. Alle konservatorischen Konzeptionen, die in zwei letzten Jahrhunderten in der Burg, oft mit der Teilnahme hervorragender Persönlichkeiten des Wissenschafts- und Kulturlebens, realisiert wurden, sind heute aufbewahrt und in vielen Teilen der Burganlage geschützt. Sie zeugen von der Sorge vieler Generationen, die mit Fleiß mehrfach zerstörte Gebäude wiederherstellten, um die Erhaltung ihres kulturellen Erbes.

Im September 1994 wurde vom Präsidenten der Republik Polen eine Anordnung getroffen, laut deren die fünfzehn in unserem Land wichtigsten Objekte und Baudenkmälerkomplexe als Denkmäler der Geschichte (Pomniki Historii) von großer historischen Bedeutung, anerkannt wurden. Darunter befand sich auch die Schloss Marienburg, die außerdem auf die UNESCO-Liste der Welterbschaften vorgelegt wurde. Damit wurde die hohe Rangklasse der Marienburg unter den wichtigsten Objekten der europäischen kulturellen Errungenschaften, bestätigt.

Das Land, früher Preußen genannt, im Westen an der Weichsel, im Norden an der Ostsee und am Memel gelegen, grenzte im Osten an die von den litauischen Stämmen bewohnten Gebiete, im Süden - an das polnische Masowien. Im Mittelalter wurde es von einem undurchdringlichen Urwald bewachsen, voll von Waldsümpfen und Seen. Seine Stammbewohner waren heidnische Prussen, die mit Litauern und Letten verwandt waren, das baltische Volk, ohne einheitlichen Staat, das sich mit Jagd, Acker- bau, geringer Viehzucht, manchmal auch mit Plünderung beschäftigte. Die einzelnen Stämme bewohnten kleine ländliche Siedlungen und seltene Handelsemporien, die auf den weiten, unbewohnten Staatsbieten lagen. Wegen der häufigen Raubüberfälle der Prussen in den Nachbarländern, war die masowisch-preußische Grenze sehr unruhig. Man darf sich also nicht wundern, daß die polnischen Herrscher, von Mieszko I. an ein großes Interesse an dem Land östlich desunteren Weichsellaufs zeigten. Einige Missionen zu den baltischen Stämmen wurden mit Mißerfolg beendet, ähnlich wie die Versuche der Waffeneroberung des Preußens, die von Piastenfürsten im 12. Jh. unternommen wurden. Damals entstand die Idee, den Ritterorden herbeizuführen, der die Kämpfe gegen die Heiden, während der Kreuzzüge in das Heilige Land, gewohnt war.

Die Ritter des Spitals der Heiligen Maria des Deutschen Hauses zu Jerusalem, in Polen Kreuzritter genannt, tauchten in Pommern gegen 1230 auf, vom Herzog Konrad von Masowien aufgefordert. Ihre Ansiedlung im Kulmerland hatte die Sicherung der Grenzen des masowischen Herzogtums gegen die Angriffe der prussischen Stämme und die Verbreitung des Christentums auf dem Gebiet des Ostpommern, zum Ziel.

Nicht ohne Bedeutung waren dabei die Expansionsbestrebungen der polnischen Herzöge, die mit Hilfe des Ordens realisiert werden sollten. Die Kreuzritter entschlossen sich jedoch, vor allem die prußischen Gebiete an sich zu reißen und eigene Staatsstruktur zu schaffen. Die geschickte Diplomatie des hochbegabten Politikers und ausgezeichneten Organisatoren, des Hochmeisters Hermann von Salza, führte im Jahre 1234 zur Verleihung dem Orden der Bulle vom Papst Gregor IX. Sie ermöglichte die Gründung eines Ritterstaates. Als die Autonomiebestrebungen der Kreuzritter zum Vorschein kamen, war es schon zu spät, damit Polen - in Situation der Landesspaltung - konnte sich diesen Bestrebungen nicht widersetzen. Im Laufe von Jahrzehnten vollbrachte der Order, eine durch und durch militärische Institution, die Eroberung von Preußen. Möglich wurde sie durch Schaffung der Militärmacht, die aus fremden Gebieten stammte. Die Hauptquelle waren hier deutsche Balleien, woher Menschen und Mittel geschöpft wurden.

Auf den unterworfenen Gebieten führten die Brüder-Ritter ein einheitliches, zentralisiertes Verwaltungssystem mit der Teilung in Komtureien ein. Sie betrieben eine intensive Kolonialpolitik, gestützt auf die Ansiedler vor allem aus Deutschland und Polen.

Die Sicherheit der Ordensmacht sollte durch das Netz von Wehrburgen garantiert werden, die auf den sukzessiv eroberten Gebieten gebaut wurden. Am Anfang waren das Warten aus Holz und Erde, die örtliche Bautechnik und die zugänglichen Stoffe ausnutzten. Während des Krieges schnell gebaute Befestigungen, schufen die Möglichkeit der erfolgreichen Verteidigung des eben eroberten Territoriums. Im Laufe der Zeit, mit der Festigung der Ordensmacht, wurden diese Warten als gewaltige Burgen aus Backstein ausgebaut, die nicht nur militärische Funktionen ausübten, sondern auch Kloster-, Verwaltungs-, Wirtschafts - und andere Aufgaben hatten. Die Sorge der Kreuzritter um die Wirtschaft führte in relativ kurzer Zeit zur ökonomischen Entwicklung des Landes. Schnell kam es jedoch zu den unvermeindlichen Konflikten und Widerstreiten innerhalb des Ordens, der einerseits eine Brüderkorporation im ständigen Dienst der Glaubensverbreitung war, anderseits war er ein Feudalherrscher über den starken Staat. Dieser Widerspruch äußerte sich in der Traditions - kultivierung der westeuropäischen Ritterschaft und in den Missionskämpfen gegen die Heiden, gleichzeitig mit den Kriegen mit dem christlichen Polen und der blutigen Annexion des Danziger Pommern. In dieser Antinomie wurde bald die Staatsidee wichtiger als die Ordensidee und die politischen und materiellen Ziele dominierten in der ganzen Geschichte der Kreuzritter in Preußen.

Der Konflikt zwischen dem Orden und Polen und Litauen dauerte zwei Jahrhunderte und hinterließ im gesellschaftlichen Bewußtsein beider Länder ein tief verwurzeltes Gefühl der Unrecht, die von den Rittern mit den Kreuzen, zu gefügt wurde. Die Erinnerung an das bedeutendste Ereignis dieses Konfliktes, an die große Schlacht bei Tannenberg (Grunwald) im Jahre 1410, die mit polnisch-litauischem Sieg endete, lebte durch die Jahrhunderte als ein wichtiges Element der polnischen ehrenvollen historischen Tradition.

Der Deutsche Orden war ein Produkt einer eigenartigen Epoche - der Zeit der Kreuzzüge. Schon im 16. Jh., in der Reformationszeit, wurde er anachronistisch. Sein Staat in Preußen rettete sich, indem er im Jahre 1525 in ein weltliches Herzogtum verwandelt wurde und sich der polnischen Oberhoheit unterstellte. Er hinterließ die Denkmäler der materiellen und künstlerischen Kultur, unter denen die Marienburg an der Nogat ersten Platz einnimmt.

Der Ursprung der Marienburg hing wahrscheinlich mit zukünftigen Expansionsplänen des Ordens auf das Gebiet Pommerellens zusammen, ähnlich wie die Entstehung der Burg Mewe auf dem linken Weichselufer. Wichtig war schon die Lage der Burg, halbwegs zwischen Danzig und Elbing, am Kreuzpunkt von zwei alten Handelsstraßen, die von Pommern ostwärts bis zum legendären Truso und noch weiter nach Nowgorod, wie auch vom Samland nach Südeuropa führten (die uralte Bernsteinstraße). Äußerst günstig war die Beschaffenheit des zum Bau gewählten Geländes: in einer breiten Schleife des Nogat-flusses gelegene, sanft nördlich abfallende Bodenerhebung hatte von der Landseite einen natürlichen Schutz in Gestalt von Sümpfen; auch der Fluß selbst, außer den natürlichen Wehreigenschaften, bot gute Kommunikationsmöglichkeiten. Der symbolische Name der Burg - die Marienburg -zu Ehren der Schutzpatronin des Ordens verliehen, schien ihr von Anfang an, eine besondere Rolle zu bestimmen.

Die Bauvorbereitungen wurde schon in der ersten Hälfte der siebziger Jahre des 13. Jhs begonnen, zur Zeit des Landmeisters Konrad von Thierberg des Älteren. Die damals noch andauernden Kämpfe gegen den zweiten Aufstand der prußischen Bevölkerung zwangen ihn zur Gründung eines zeitweiligen Wehrlagers für die Arbeiter, das von einem Schutzwall und Graben umgeben war. Innerhalb des Lagers befanden sich provisorische Wohnräume und Werkstätten der Bauarbeiter. Die großen Lehmvorkommen, die sich am zweiten Ufer der Nogat befanden, ermöglichten einige Ziegeleien in der Nähe der Baustelle, in Betrieb zu setzen. Große Waldflächen wurden niedergehauen, große Feldsteine wurden für Fundamente gesammelt und herbeigeschafft. Die Organisation eines solchen Bauplatzes erforderte eine spezialisierte Bauwerkstatt. Unter Aufsicht der Ordensritter wurden die Arbeiten von Baumeistern wahrscheinlich aus Schlesien geleitet; als Arbeitskraft wurde größtenteils die örtliche, unterworfene prußische Bevölkerung genutzt.

Wir wissen nicht, wer der Autor des Bauentwurfes dieser prächtigen Burg war. Das war typisch für das Mittelalter, in dem die Architekten einfach Baumeister genannt wurden, und man bemühte sich nicht, ihre Namen für die nächsten Generationen zu verewigen. Von dieser Zeit sind keine Bauentwürfe erhalten geblieben, obwohl wir wissen, daß die Grundlage der Bauarbeiten eine Dokumentation bestimmen mußte. Jedenfalls sah der Bauentwurf die Errichtung der Bauten in der Form eines regelmäßigen Vierecks vor, die einen Innenhof umfaßten, nach dem von den Ordensrittern in Preußen immer häufiger angewendeten Muster.

Der Bau wurde mit der Absteckung des Vierecks von 51,6 x 60,7 m begonnen, das mit einer Wehrmauer verschlossen und von einem Graben umgeben wurde. Danach ging man an den Ausbau des Vierecks mit Gebäuden, die sich an die erwähnte Mauer anlehnten. Zuerst entstand der nördliche Flügel, in dem man zwei für die Ordenskorporation wichtigsten Räume baute: die Kapelle und den Kapitelsaal. Wie das im Deutschen Orden üblich war, befanden sie sich im ersten Stock, das die Funktion des Hauptgeschosses ausübte. In einem kleinen Raum zwischen der Kapelle und dem Kapitelsaal richtete man das Archiv ein. Dormitorium - der Schlafsaal der Ordensbrüder - fand im Erdgeschoß unter der Kapelle seinen vorläufigen Platz. Die Keller dienten als Wirtschaftslagerräume.

Ohne die Arbeiten zu unterbrechen, gingen die mittelalterlichen Baumeister an die Errichtung des Westflügels und des aus den Mauern des Vierecks in Richtung der Nogat herausragenden Turmes, Dansker genannt. Die Kommunikation innerhalb der Gebäude wurde mit Hilfe eines zweistöckigen Kreuzganges mit zwei Flügeln gesichert, der auf steinernen Säulenarkaden ruhte und oben als hölzerne Konstruktion ausgeführt wurde. Die zwei übrigen Seiten des Vierecks: die südliche und östliche waren nicht bebaut; sie wurden nur durch äußere Mauern verschlossen, die mit Hürden versehen waren, d.i. mit hölzernen Gängen mit Fußbodenöffnungen, die zum Feindbe-schuß dienten. Der neu gebaute Westflügel übernahm hauptsächlich Funktionen des Wohn- und Wirtschaftshauses. Im Erdgeschoß wurden die Küche und das Refektorium (der Remter) eingerichtet, in dem zweimal täglich gegessen wurde; das Obergeschoß diente als Wohnsitz des Komturs und die Kanzlei. Der Dansker - Abortturm wurde mit dem Hauptgebäude des Schloßes mittels eines Ganges mit einer Zugbrücke verbunden und übte außer der Sanitärfunktion (die Toilette), auch die Rolle des Bergfriedes zur Verteidigung aus.

Vermutlich noch vor Abschluß der oben beschriebenen Arbeiten zog der Ordenskonvent um 1280 aus einer einige Kilometer südlich liegenden Burg Zantyr, in die Marienburg um. Wir wissen nicht, wie viele Ordensritter sich damals in der Burg am Nogatufer niederließen. Der Regel nach sollte der Konvent mindestens 12 Ordensritter und 6 Priester zählen, natürlich ohne Halbbrüder, Gesinde u.a.; es ist uns nur überliefert, daß an ihrer Spitze der Komtur Heinrich von Wilnowe stand. Unter seiner Aufsicht wurde die Errichtung des ersten Konventshauses fortgesetzt, später (seit dem 16. Jh.) Hochschloß genannt.

Bis 1300 entstand wahrscheinlich ein Teil des Südflügels, wo sich im ersten Stock zwei finstere Räume befanden, die als Dormitorien gedacht waren. Darüber wurden eine kleine Konventsstube (Herrenstube) und Lagerräume geplant. Aber ihre Gestlat änderte sich, als der Sitz der Hochmeister im Jahre 1309 in die Marienburg verlegt wurde. Noch vor 1300 entstand der prunkvolle Eingang in die Kapelle im nördlichen Flügel, die sogenannte Goldene Pforte, die heute zu den wertvollsten Beispielen der Marienburger architektonischen Skulptur gehört. Eine tiefe Vorhalle, in der Wanddicke der Südwand der Kapel-

*Schloßkirche und Pfaffenturm, im Hintergrund der Hochmeisterpalast.*
*Aquarell von J.C. Schultz 1841*

le geschaffen, wurde mit einem Kreuzrippengewölbe bedeckt, dessen Schlußstein Christus in der Mandorla zeigt. Das eigentliche Portal wurde mit einem motivreichen Reliefdekor verziert, der auf eine symbolische Weise das Jüngste Gericht mit dem Gleichnis von den klugen und törichten Jungfrauen darstellt. Das ikonographische Programm wurde von apokalyptischen Motiven ergänzt, die als fantastische Wesen, eingeflochten in den Pflanzendekor der Kapitelle und Archivolten dargestellt sind. Die architektonischen Elemente der Goldenen Pforte wurden aus gebranntem Ton angefertigt und später reich polychromiert. Bis heute haben sich nur Reste der Bemalung erhalten, die uns jedoch Auskunft über den ursprünglichen Zustand geben können.

Durch das allmähliche Bebauen der einzelnen Seiten des viereckigen Kastells, wurde ein Hof geschaffen, der seinem Charakter nach an Klosterinnenhöfe anknüpfte. In seiner Mitte wurde ein tiefer Brunnen gegraben, um der Burgbesatzung im Falle einer Belagerung eine unabhängige Wasserquelle zu sichern. Die Hofeinfahrt führte durch das Haupttor, das sich in der nordwestlichen Ecke der Festung befand; aus Verteidigungsgründen errichtete man die Tordurchfahrt schräg zu den Burggebäuden. Das Einfahrtsportal wurde aus Granitquadern gebaut und die spitzbögige Archivolte wurde mit dem Backsteinfries mit dem Motiv des dreiblättrigen Kleeblattes verziert.

Gleichzeitig mit Vollendungsarbeiten am Konventshaus bauten die Ritter auf dessen Nordseite eine geräumige Vorburg, die Rolle eines Wirtschaftshofes spielte. Das war im Grundriß trapezähnliches Gebiet, von drei Seiten durch Wehrmauer mit Türmen an den Ecken und von einigen Gebäuden an den Ringmauern umgeben. Nur von der Seite des Konventshauses hatte die Vorburg keine gemauerten Befestigungsanlagen.

Um das Jahr 1300 unterschied sich die Marienburg in ihrer Form kaum von anderen Schloßbauten des Ordens in Preußen. Sie entstand nach dem sich damals herausbildenden Typ der Kloster-Burg, die über dem Grundriß eines regelmäßigen Vierecks vierseitig nach innen, um den zentralen Hof herum, ausgebaut wurde. Ähnlich sahen die von den Ordensrittern in derselben Zeit am Frischen Haff (heute Weichsel Haff genannt) errichteten Burgen: Brandenburg und Lochsted aus, und die früher erwähnte, auf der anderen Weichselseite liegende Burg Mewe. Noch am Anfang der achtziger Jahre des 13. Jhs entstand in der Nähe der Burg eine Siedlung, der Landmeister Konrad von Thierberg der Jüngere im Jahre 1286 das Lokationsprivileg verlieh. Seit dieser Zeit entwickelte sich hier ein städtischer Organismus, der jedoch im Laufe seiner ganzen Geschichte im Schatten der riesigen Burg blieb.

*Mittelschloßansicht von Nordwesten. Aquarell von J.C. Schultz um die Mitte des 19. Jh.*

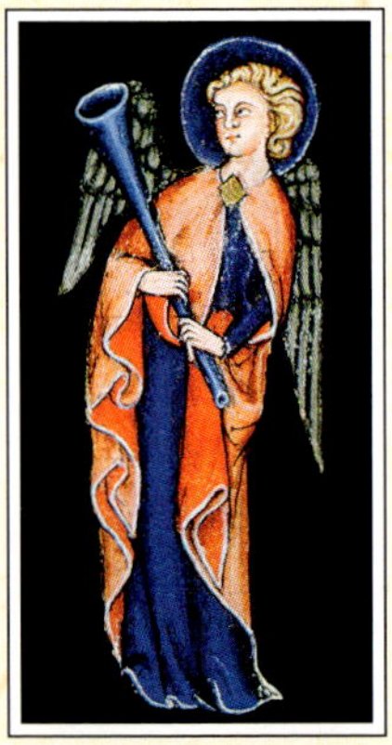

Auf weitere Schicksale der Marienburg übten die historischen Ereignisse im fernen Palästina einen großen Einfluß aus. Die Eroberung im Jahre 1271 des Ordenshauptsitzes im Nahen Osten - der Burg Montfort (Starkenberg) durch Türken und zwanzig Jahre später der letzten Festung der Kreuzfahrer - Akkon, bedeutete das endgültige Ende der Tätigkeit des Ordens im Heiligen Land. Die Kreuzritter dachten aber kaum an die Auflösung ihrer Korporation. Gehörten sie ja schon in dieser Zeit zu den reichsten Ritterorden - dank zahlreicher Schenkungen das Kaisers und verschiedener Fürsten besaßen sie ausgedehnte Besitztümer im ganzen Europa. Der Sitz des Hochmeisters wurde 1291 zeitweilig nach Venedig verlegt und die Kreuzritter sahen sich nach neuen Möglichkeiten um, den eigenen von der weltlichen Macht unabhängigen Staat zu gründen. Sie hatten schon in dieser Hinsicht unangenehme Erfahrungen hinter sich; als ihnen im Jahre 1211 das Burzenland in Siebenbürgen verliehen wurde, versuchten sie die Selbständigkeit und Souveränität auf Kosten des ungarischen Staates zu erreichen. Im Jahre 1225 hat der damalige König von Ungarn Andreas IL, ihre Absichten durchschaut und mit Gewalt aus Siebenbürgen vertrieben.

Von Bedeutung für spätere Ereignisse war die Wahl im Jahre 1291 Konrads von Feuchtwangen zum Hochmeister des Ordens. Er hatte früher das Amt des Landmeisters von Preußen und Livland inne und kannte ausgezeichnet baltische Provinzen. Schon als in Venedig residierender Hochmeister besuchte er zweimal die Marienburg. Höchstwahrscheinlich wurde unter seiner Herrschaft um das Jahr 1295 die Entscheidung getroffen, das Machtzentrum der Ordensritter nach Preußen zu verlegen. Das geschah einige Jahrzehnte später, nach Eroberung Pommerellens durch den Orden in den Jahren

1308-1309. Die Einverleibung dieses Gebietes durch den Ordensstaat änderte gründlich die geopolitische Lage der Marienburg. Dieser Ort, früher eine Komturburg auf der westlichen Peripherie von Preußen, befand sich nun fast im Zentrum des vom Orden beherrschten Territoriums. Mitte September 1309 verlegte der Hochmeister Siegfried von Feuchtwangen seinen Sitz von Venedig in die Marienburg.

Diese Entscheidung, die Hauptresidenz des Hochmeisters in der Marienburg einzurichten war von entscheidender Bedeutung für deren weitere Baugeschichte. Die Bedürfnisse der entfalteten Ordensverwaltung und die Repräsentationsfunktionen des Hochmeisterhofes erforderten eine entsprechende Form und Einfassung. Schon seit dem ersten Viertel des 14. Jhs begann der große Ausbau des bisherigen Konventshauses, der mit der Veränderung der für dieses Haus ursprünglich bestimmten Funktionen, verbunden war. Die typische bis jetzt Komturburg erreichte gegen die Hälfte des 14. Jhs die Gestalt einer dreiteiligen Wehranlage, die zu einer der gewaltigsten Festungen des mittelalterlichen Europas wurde.

Im Zuge des Ausbaus wurde die innere Bebauung der vier Flügel des Hochschlosses, die den viereckigen Innenhof umgeben, endgültig gestaltet. An der östlichen Kurtinemauer wurde der vierte Flügel angebaut, in dem sich im Obergeschoß das Dormitorium befand; darüber lagen einige Lagergeschosse. Es wurde möglich, auf Lagerräume im zweiten Stock des Südflügels zu verzichten. Sie wurden zu zwei Prachträumen umgestaltet: einem Remter mit sieben Säulen und einer Konventsstube, die als Saal für die Nachmittagsruhe diente. Die wichtigsten baulichen Veränderungen vollzogen sich in dem ältesten, nördlichen Flügel, wo sich der Kapitelsaal und die Kapelle befanden. Der Kapitelsaal gehörte immer zu den Haupträumen jeder Klostergemeinschaft, als die Stätte, wo ihre wichtigsten Angelegenheiten besprochen und getroffen wurden. In Anbetracht der hauptstädtischen Funktionen der Marienburg und ihrer Rolle bei der Staatsverwaltung hatte der hiesige Kapitelsaal eine besondere Bedeutung. Der bis zu dieser Zeit existierende Raum, mit einem einfachen Kreuzgewölbe bedeckt und auf zwei Säulen gestützt, wurde in Richtung der Kapelle auf Kosten des alten Archivs verlängert und stark erhöht. Es entstand ein ansehnlicher Saal, dessen monumentaler Eindruck durch ein modernes, dreiteiliges auf drei schlanken Säulen gestütztes Gewölbe noch vertieft wurde. Das wichtigste Ausputzelement des neuen Kapitelsaals war die Galerie der Hochmeisterbildnisse - in den Schildfeldern über Rückenlehnen des hölzernen Chorgestühls gemalt. Die Porträts der höchsten Würdenträger des Ordens sollten hier an ihre Verdienste erinnern und von Beständigkeit dieser Korporation zeugen. Zweifellos war es das erste Beispiel der Schaffung durch Ordensritter in Preßen einer Tradition der Ordensstaates.

Um 1335 hat man mit der Vergrößerung der Kirche begonnen - dem damals größten Bauvorhaben im Hochschloß. Das ursprün-

*Hochmeisterpalast. Aquarell von J.C. Schultz von Mitte des 19. Jh.*

gliche, kleine Gotteshaus füllte nur die Hälfte des Flügels aus und befand sich im geschlossenen Viereck des Konventshauses. Um die Kirche zu vergrößern, wurde es notwendig, das Viereck aufzugeben. Ihre östliche Giebel wand wurde also abgerissen und ihr Innenraum um 19 m. ostwärts verlängert; das Presbyterium reichte bis zur ersten Linie der Verteidigungsmauern. Der einschiffige Raum wurde mit einem prächtigen Sterngewölbe bedeckt, reich bemalt, und durch vergrößerte gotische Fenster mit farbigen Glasmalereien beleuchtet. Das Datum des Bauabschlusses - das Jahr 1344 kennen wir von der Konsekrationsinschrift, die sich auf dem Fries unter dem Fenster erhalten hat. Das Innere dieser, seitdem im Ordensstaat wichtigsten Kirche, bekam eine Ausstattung, die so manchem europäischen Dom nicht nachstand. Das große Gewölbe stützte sich auf ungewöhnlich reich verzierte Diensten, deren Hauptelemente fast lebensgroße Apostelfiguren bildeten. Aus Kunststein gegossen, farbig gefaßt, stan-

*Sommerremter. Aquarell von J.C. Schultz von der Mitte des 19. Jh.*

den sie auf steinernen Konsolen, unter ähnlich reich dekorierten Baldachinen. Im unteren Wandteil, der vom Gewölbeteil durch ein stark ausgeprägtes, sich unter den Fenstern befindendes Gesims getrennt wurde, schuf man einen Fries in Form von Blendarkaden, der um das ganze Innere herum lief. Die Arkaden füllte man mit Malereien aus, die Gestalten aus dem Neuen und Alten Testament darstellten. In der Westwand wurde ein Emporengang mit einer außergewöhnlich schön bearbeiteten, durchbrochenen Wand kirchenseits gebaut. Sicherlich war die Kirchenausstattung gleichermaßen reich - bis heute hat sich aber kein Beispiel des mittelalterlichen Mobiliar erhalten, das aus dieser Kirche stammte.

Zu den absolut seltenen Elementen des architektonischen Dekors gehörte das Standbild von Maria mit dem Jesuskind, das um das Jahr 1340 am äußeren Chorbeschluß aufgestellt wurde. Die riesige Figur, über acht Meter hoch, wurde in Segmenten aus Kunststein gegossen und polychromiert. Die Herstellung solches großen Gußstücks „in situ", sogar in Teilen, mußte im Mittelalter viele Schwierigkeiten bereiten; erst vor kurzem gelang es den polnischen Forschern das komplizierte Gußverfahren zu erklären. Es ist möglich, daß die Figur von denselben Künstlern stammt, die auch den plastischen Innendekor der Kirche geschaffen haben.

In der zweiten Hälfte des 14. Jhs belegte man sowohl die Figur, als auch die ganze Nische mit farbigem Mosaik. Die Autoren dieser originellen Dekorform waren vermutlich venezianische Meister. Die Aufstellungsstätte der Figur, ihre überlebensgroßen Maße und die Wahl einer ungewöhnlichen Belagform zeugen von der sehr große Bedeutung, die der Skulptur zugeschrieben wurde. Es handelte sich ohne Zweifel um die Erhebung von Maria als Schutzpatronin der Kirche und der Stadt, anderseits gab die hauptstädtische Funktion der Marienburg der Heiligen Maria und ihrer Statue, den Schutzcharakter; sie schützte den ganzen Orden und seinen Staat.

Das Herausrücken des Presbyteriums der Kirche aus dem Block des Hochschloßvierecks schuf im Untergeschoß einen neuen Raum. Man errichtete hier die Grabkapelle St. Annen, die Ruhestätte der Hochmeister des Ordens. Sie wurde mit einem Sterngewölbe mit reich polychromierten Rippen bedeckt. Auf der Ostseite baute man eine kleine Altarnische und unter dem Fußboden - die Gruftkrypten. Zugang zur Kapelle ermöglichen zwei gegenüberliegende Portale; an der Nord- und Südseite, die sich in kleinen Vorhallen befinden. Die bieden Eingänge erhielten eine prächtige plastische Einfassung, vergleichbar mit der Goldenen Pforte der Marienkirche. Das Nordportal zierten drei Tympana mit Marienszenen: die Anbetung der Drei Könige, das Einschlummern, die Himmelfahrt und die Krönung Marias. Den Abschluß des Marienkrönungsreliefs im Haupttympanon bildet das bereits von der Goldenen Pforte bekannte moralisierende Motiv der klugen Jungfrauen, die hier von einem Engel zum Himmelstor geführt werden,

*Innere des Großen Remters nach der Restaurierung K.F. Schinkels. Aquarell von J.C. Schultz von Mitte des 19. Jh.*

und der törichten Jungfrauen, die der Teufel in den Leviatansrachen leitet. Das Südportal, vom Ordensritterfriedhof her, zeigte Szenen aus dem christologischen Zyklus: die Himmelfahrt, das Jüngste Gericht und - in der Mitte - die Geschichte der Auffindung des Kreuzes. In den Blendarkaden unter der Kapitellzone, wurden zusätzlich vier große, aus Kunststein gegossene Standbilder der Apostel aufgestellt. Die Annenkapelle wurde um 1340 zur Zeit des Hochmeisters Dietrich von Altenburg fertiggestellt; er wurde dort auch im Jahre 1341 als erster beigesetzt. Heute würde man vergeblich nach sterblichen Überresten der elf hier begrabenen höchsten Würdenträger des Ordens suchen: es sind nur drei gotische Grabplatten erhalten geblieben: von Dietrich von Altenburg, Heinrich Dusemer und Heinrich von Plauen.

Gleichzeitig mit dem Bau der Kapelle und des neuen Chores der Kirche errichtete man einen schlanken, viereckigen Glockenturm - den höchsten Punkt der Burg, der wohl auch als Warte diente. Sechs Geschosse dieses Turmes erheben sich über die Mauerkrone des Hochschlosses, wovon vier untere mit dekorativem Arkadenfries getrennt wurden.

Alle vier Flügel des Hochschlosses deckte man mit hohen Satteldächern mit Mönch-Nonnenziegel-Deckung. Beide Stockwerke des Kreuzganges, der die Kommunikation innerhalb des Konventshauses ermöglichte, wurden aus Backstein gemauert und mit einem Kreuzgewölbe versehen. Besonders schön war sein Hauptgeschoß eingefaßt, das sich zum Hof hin mit einer Reihe von Spitzbogenfenstern öffnete. Sowohl Gewölbekappen als auch Schildwände waren mit Wandmalereien bedeckt: bis heute hat sich ein kleines Fragment einer größeren Szene erhalten, die wahrscheinlich eine Eberjagd darstellt.

Der intensivste Baubetrieb herrschte auf dem Gebiet nördlich des Konventshauses, wo sich bisher die Vorburg befand. Die ehemaligen Wirtschaftsräume wurden zum zweiten monumentalen Teil des Schlosses umgebaut, das als ein Verwaltungszentrum und eine Residenz dienen sollte. Dieses Gebiet, mit einem Wehrgürtel verschlossen, wurde erweitert, indem Befestigungen auf einer Fläche von ca 1,5 ha über einem trapezähnlichen Grundriß errichtet wurden. In Anlehnung an die neuen Befestigungen entstand eine neue Dreiflügel-Anlage mit einem Innenhof, das sog. Mittelschloß, das sich nur auf die Hochschloßseite öffnete, und davon noch mit einem tiefen Graben getrennt wurde. So wie der Hügel fiel der Hof sanft nordwärts ab, was bei allen Ankömmlingen, die von dieser Seite das Tor passierten, den Eindruck der Monumentalität des Hochschlosses noch steigerte.

Auf der Ostseite baute man ein langes Gebäude, in dem man Gastkammern für Ritter einrichtete, die zahlreich im Laufe des 14. Jhs aus ganz Europa kamen, um an Kreuzzügen gegen Litauen und Samogiten teilzunehmen. Um keinen Eindruckeines Wirtschaftsgebäudes zu erwecken, gliederte man die Fassade von der Hofseite mit spitzbögigen Nischen - nach dem Muster der Westwand des Konventshauses. In jede Nische wurde ein sehr breites, mit einem Maßwerk versehenes Fenster eingebaut, das den Einblick in den Hof und den gegenüberliegenden Repräsentationsflügel gewährte. Für die Bedürfnisse der hier wohnenden Gäste und Ordensherren richtete man am südlichen Ende des Flügels eine kleine St. Bartholomäuskapelle ein. Die Kapelle ragte ein wenig aus dem Gebäudeblock in den Hof heraus, wovon man in ihr Inneres durch ein verziertes Portal gelangte.

Der Nordflügel wurde durch einen massiven Torturm, in dem sich die Haupteinfahrt zum Mittelschloß befand, in zwei Teile gegliedert. Im Ostteil, an den Gastkammern entstand eine Reihe von repräsentativen, gewölbten Innenräumen, die für die Kanzlei und den Wohnsitz des Großkomturs bestimmt wurden. Auf der westlichen Seite, wo mehrere Geschosse durch flacheBalken-decken getrennt waren, errichtete man eine Firmarie: ein Krankenhaus oder nach dem heutigen Verständnis ein Altersheim für ältere oder altersschwache Ritter. Diese Firmarie bestand aus einem großen Bad, Remter mit einem Flur, einer kleinen Kapelle im Erdgeschoß und Wohnstuben im Obergeschoß. Die beiden Teile des Nordflügels besaßen eigene Aborte in kleinen nordwärts herausragenden Ecktürmen, die mit dem Gebäude durch kleine Holzgänge verbunden waren.

Der Westflügel wurde hauptsächlich für den Bedarf des Hochmeisters und seines Hofes bestimmt. Hier entstanden auch die prunkvollsten architektonischen Werke. Die leicht ablesbaren Einflüsse der westeuropäischen Kunst sind ein Beweis für die lebhaften Kontakte des Ordensstaates mit fast ganz Europa. Diese Kontakte wurden zweifellos durch das Netz von Balleien in Deutschland und Frankreich erleichtert. Die reiche Schatzkammer der Marienburg und der Ehrgeiz der Hochmeister, die der Pracht der westeuropäischen Höfe gleichstehen wollten, brachten ausgezeichnete Ergebnisse. Um die Hälfte des 14. Jhs entstand in der Mitte des Westflügels der größte Raum in der gesamten Profanarchitektur des Deutschen Ordens und gleichzeitig einer der schönsten Innenräume Europas: der Große Remter. Das prächtige Dreistrahlgewölbe mit stärker als im Kapitelsaal entwickelter Kappengliederung ruht auf drei sehr schlanken, achteckigen Granitsäulen. Die Architektur, von der Wandmalerei ergänzt, dominierte entschieden in diesem geräumigen Saal, der plastische Dekor bleibt dagegen nur auf die drei Säulenkapitelle und -füße, wie auch auf die Schluß- und Kragsteine beschränkt. Von den damals zahlreichen Wandmalereien hat sich nur das Fragment mit der Szene der Krönung Maria an der Schildwand über dem Eingang erhalten. Der Große Remter diente hauptsächlich als die Stätte der gemeinschaftlicher Mahlzeiten der Ordensritter mit Gästen - Rittern aus Westeuropa. Von der nördlichen Seite schloß sich daran die Küche mit einer großen Feuerstelle an, wo die Speisen vorbereitet wurde. An der Küche gab es noch zwei kleinere Räume: wahrscheinlich ein Lagerraum und eine Stube des Kochs.

Am südlichen Ende des Westflügels, in der Nähe der Zugbrücke zum Hochschloß, dauerten die Bauarbeiten während des ganzen

*Hochmeisterpalast nach Restaurierungsarbeiten K.F. Schinkels.*
*Aquarell von J.C. Schultz von Mitte des 19. Jh.*

14. Jhs. Man errichtete hier den Hochmeisterpalast, einen Bau, der mit seiner architektonischen Klasse den besten europäischen Residenzen des Spätmittelalters gleichstand. Der erste Palastbau entstand hier nachdem die Entscheidung getroffen worden ist, die Residenz der Hochmeister in die Marienburg zu verlegen, d.h. nach dem Jahr 1309. Siegfried von Feuchtwangen wohnte noch, als er aus Venedig kam, vermutlich im Hochschloß; seine Nachfolger hatten schon ein kleines viereckiges Gebäude zur Verfügung - an Stelle des späteren Palastes. Die Arbeiten an der Errichtung eines größeren Wohnsitzes begann man nach der Vollendung des Hochschloßausbaus: wahrscheinlich um das Jahr 1345, zur Zeit des Hochmeisters Heinrich Dusemer. Es entstand damals ein viereckiger Bau, der aus dem Westflügel in Richtung der Nogat herausragte, und an dem noch Winrich von Kniprode baute. Im Jahre 1382 entschied sich der Hochmeister Konrad Zöllner von Rotenstein das alte Gebäude gründlich umzubauen, um es an Residenzen der westlichen Machthaber anzugleichen. Die Arbeiten erfaßten vor allem den westlichen Teil, wo die Repräsentationsräume entstehen sollten. Den großzügigen Ausbau setzte Konrad von Jungingen fort; zu seiner Zeit, Ende des 14. Jhs, wurde der Umbau des östlichen Palastteiles unter der Leitung des Baumeisters Nicolaus Fellenstein geführt, der die mittelalterliche Baugeschichte dieses Objektes abschließt.

Es entstand ein Gebäude in Gestalt eines großen in Flußrichtung herausragenden Wohnturmes, der architektonisch an burgundische und englische Vorbilder anknüpfte. Logisch entworfene Innenräume, mit einer klaren Trennung in Privatteil im Norden und den Repräsentationsteil im Süden, erhielten Anfang des 15. Jhs eine reiche malerische Ausstattung, entsprechend dem Hauptsitz eines der reichsten Ritterordens des Mittelalters. Die Wandmalereien im Hauptgeschoß stammen aus der Werkstatt des Hofmalers Peter. Den Großteil der Gewölbe verzierte man mit einem floristischen Ornament, das mit üppigen grün-roten Ranken eine Art von Pflanzenbal-

*Der Hohe Flur. Aquarell von J.C. Schultz, Mitte des 19. Jh.*

dachin über dem weitläufigen Innenraum bildete. Die Wände waren entweder monochrom rot gefaßt, oder mit Figuren-, Ornament- und nicht selten Wappenmotiven verziert. In der Palastkapelle St. Katharina haben sich gemalte fast lebensgroße Gestalten der Apostel Peter und Paul und im kleinen Schlafzimmer der Hochmeister sehr schöne Figuren der vier heiligen Jungfrauen: Dorothea, Margareta, Katharina und Barbara erhalten. An den Schildwänden des Winterremters gab es eine interessante Reihe von Hochmeisterbildnissen, die zweite nach der ähnlichen Galerie im Kapitelsaal des Hochschloßes. Zwei Innenräume im Nogatflügel - der Winter- und Sommerremter - mit prächtigen, integrierten spätmittelalterlichen Gewölben bedeckt, die auf einer Säule ruhen, gehören zu Spitzenleistungen der Architektur auf dem Gebiet des ehemaligen Ordensstaates.

Die Umgestaltung der bisherigen Vorburg zum repräsentativen Mittelschloß machte den Bau eines größeren und besseren Wirtschaftshofes notwendig. Er wurde auf dem nördlich ans Mittelschloß angrenzenden Gelände abgesteckt und schon in der ersten Hälfte des 14. Jhs von einer Wehrmauer umgeben. Auf der Ostseite, die im Falle einer Belagerung besonders gefährdet war, wurde die Mauer mit acht massiven Türmen versehen; hier befand sich auch die Haupteinfahrt zur Vorburg, das Schnitztor genannt. Die Gebäude der östlichen Wehrmauerlinie entlang, hatten vorwiegend einen militärischen Charakter: Zeughäuser, Wagenschuppen und Werkstätte, die Waffen herstellten, darunter dominierte der Karwan - das größte Arsenal des Ordensstaates. Entlang der Ufermauer an der Nogat entstanden Kornspeicher und Lagerhäuser für Waren, die auf dem Wasserwege transportiert wurden. Ihre wesentliche Kubatur zeugt von der Skala des Ordenshandels, der vor allem auf Getreide-, Holz- und Bernsteinausfuhr eingestellt war. Innerhalb dieses Wehrringes gab es Stallungsräume, Scheunen, Schuppen, eine Bierbrauerei, eine Mälzerei, einen Brennstofflagerraum und Wohnräume für Dienstleute. Auf der Westseite erbaute man etappenweise einen langen Wirtschaftsgebäudekomplex, mit der St. Lorenzkirche an dessen südlichen Ende; die Kirche diente dem Gesinde; an ihrer Giebel wand befand sich eine Firmarie für Knechte.

Auf der Höhe des Hochschlosses, in den Nogatbefestigungen, errichtete man ein Brückentor - von zwei runden, dicken Türmen flankiert. Es gewährte Zugang zur hölzerenen Brücke, die an dieser Stelle den Fluß überspannte; das Tor und die Brücke baute der durch seine rege Bautätigkeit bekannte Hochmeister Dietrich von Altenburg. Wahrscheinlich zu seiner Amtszeit entstand auch der schlanke Buttermilchturm (auch der Blaue oder Lichtenauer Turm genannt), der die Befestigungen der Vorburg in der nördwestlichen Ecke miteinander verband. Dank der prächtigen Proportionen ist er einer der malerischsten Fragmente dieses Burgteiles.

Die Belagerung der Burg durch die Armee des polnischen Königs Władysław Jagiełło nach der Tannenbergschlacht (Grunwald) im Jahre 1410 machte den Ordensrittern zum ersten Mal bewußt, welche Gefahr die Benutzung der Artillerie gegen die Mauern mit sich bringt. Um die Wehrkraft der Burg zusätzlich zu steigern und dabei den Wohn-und Repräsentativteil vor dem Feindbe-schuß zu schützen, baute man in der ersten Hälfte des 15. Jhs eine weitere Befestigungslinie auf der östlichen und nördlichen Seite. Eine massive Mauer entlang dem äußeren Rand des sogenannten Plauen-Bollwerks wurde mit einigen niedrigen halbzylindrischen, zum Aufstellen von Bombarden angepaßten Basteien versehen.

Dieses Unternehmen, das zur Zeit des Hochmeisters Konrad von Erlichshausen vollendet wurde, war das letzte in der Bautätigkeit des Ordens in der Marienburg.

Die wachsende Unlust der Untertanen gegen immer härter regierende Ordensritter führte zur Bildung im Jahre 1440 in Marienwerder des »Preußischen Bundes«. Das war eine Adelskonfederation mit den Städten des Ostpommerns, die zur Sicherung der inneren Ruhe und auch zum Schutz vor der Ungerechtigkeit der Ordensbeamten gegründet wurde. Die scharfe Konflikt zwischen dem Bund und den Ordensbehörden führte zum Ausbruch eines gegen den Orden gerichteten Aufstandes im ganzen Lande. Gleichzeitig stellte die Gesandtschaft der Stände Preußens ein Dokument aus, in dem Preußen sich der Herrschaft des polnischen Königs als rechtsmäßigem Erben der einst durch den Orden von der Krone abgetrennten pommerellischen Gebiete ergibt. Der König Kasimir IV., der Sohn des Siegers von Tannenberg, lehnte dieses Gesuch nicht ab und stellte im März 1454 die entsprechende Inkorporationsurkunde aus, die Preußen dem polnischen Staat einverleibte. Dies führte in der Konsequenz zu dem langwierigen 13-jährigen Krieg zwischen Polen und dem Deutschen Orden. Im Ergebnis fiel Polen das Kulmerland, Pomerellen, Pomesanien, Werder mit der Marienburg und Ermland zu. Diese Gebiete nannte man seit dieser Zeit Königliches Preußen.

Im Laufe des Krieges wurde der Orden, der eine große innere Krise und ernste finanzielle Probleme erlebte, dazu gezwungen, einige Burgen, darin auch die Marienburg, den Söldnertruppen als Pfand für ausstehende Besoldung zu übergeben. Da sich die Ordensritter an keinen von den mehrmals anberaumten Lösungsterminen hielten, wandten sich die böhmischen Söldner an den polnischen König mit dem Vorschlag, die Burg gegen die damals gewaltige Summe von 190 000 Florins zu verkaufen. Kasimir IV. ging auf das Angebot ein und konnte schon am 8. Juni 1457 einen Triumpheinzug in die Burg halten, die der Hochmeister Ludwig von Erlichshausen am Vortage eilig verlassen hatte. Seit dem ist die Geschichte der Burg und der Stadt eng mit der Geschichte des polnischen Staates verbunden. Die Marienburg/ Malbork wurde zum Sitz von hohen Ämtern der polnischen Verwaltung: des Starosten, des Schatzmeisters der Provinz Königliches Preußen und des Marienburger Woiwoden. Dieser letzte zog bald nach Stuhm, nannte sich aber immer noch Woiwode von Malbork. Die höchste Macht hatte der Starost inne, der jedes Mal vom König ernannt wurde. Die Burg blieb unter direkter Aufsicht des dem Starosten unterstellten Burggrafen, der für Unterhalt und Versorgung der Festung sorgte. Im Jahre 1510 bildete der König Sigismund I. der Alte aus seinen Besitztümern in Werder die Marienburger Ökonomie. Der Ökonom hatte ebenfalls seinen Sitz in den Burggemächern. Die Einkommen aus der Ökonomie flossen unmittelbar in die Schatzkammer des Königs.

Die neuen Bewohner änderten teilweise die Bestimmung einzelner Schloßgebäude. Die größten Änderungen betrafen die Bewirtschaftung des Hochschloßes, dessen Innenräume als Wirtschafts- und Vorratskammern und als Unterkunft für Befehlshaber der Burgmannschaft dienten. Die Marienkirche behielt natürlich ihre Rolle bei, aber nur als Filialkirche der städtischen Pfarre. Das Mittelschloß hatte weiter seine bisherige Bedeutung als Residenz- und Verwaltungsstätte. Im Nord- und Ostflügel wohnten die erwähnten Beamten. Der Große Remter blieb Speisesaal, wo sich der Starost während der gemeinschaftlichen Mahlzeiten mit seiner Burgbesatzung traf. Im alten Hochmeisterpalast wurde eine der polnischen Königsresidenzen eingerichtet. Dazu diente vor allem der Süd- und Ostteil des Hauptgeschosses.

*Ostteil der Konventskirche. Aquarell von J.C. Schultz, Mitte des 19. Jh.*

*Westteil der Konventskirche. Aquarell von J.C. Schultz, Mitte des 19. Jh.*

In dem repräsentativsten Raum - dem Sommerremter - fanden Versammlungen der Preußischen Stände und Treffen ihrer Vertreter mit Königskommissaren statt.

Auch der große Teil der Gebäude in der Vorburg behielt ihre vornehmlich militärischen und wirtschaftlichen Funktionen bei. Es gab doch auch gewisse Veränderungen; zum Beispiel in einer Hausteile, des Gebäudekomplexes an der Westseite, wirkte in der Zeit des Königs Sigismund III. Wasa die Münze. Im Laufe der Zeit wurde die Vorburg immer mehr zu einem selbständigen Mittelpunkt der wirtschaftlichen Tätigkeit, das von sich hier zahlreich niederlassenden Handwerker entwickelte.

Auf Grund der Beschreibungen von den Lustrationen der Marienburger Ökonomie (16.-18. Jh.) läßt sich feststellen, daß sich die Wehrfunktionen der Burg im 17. Jh. noch erhalten haben und die alten Anlagen wie Zugbrücken, Tore, Hurden, usw. weiter intakt waren. Von alten Inventarbüchern kann man sich ein Urteil über die Waffenvorräte der Burg bilden, die vor allem in dem kreuzritterlichen Zeughaus in der Vorburg (im Karwan), aufbewahrt wurden; dieses Zeughaus diente damals als Arsenal von großer Bedeutungfür Polen. Der größte Teil der Rüstung, besonders Handfeuerwaffen, wurde in einzelnen Türmen und Basteien verwahrt, die man zu dieser Zeit "Wachen" nannte. Dank den riesigen Getreidespeichern, Holzlagerplätzen, einem Arsenal und Pulvermühlen war die Marienburg eine große Versorgungsbasis im Falle eines Krieges im Ostseegebiet. Sie wurde auch mehrmals von polnischen Königen benutzt; zum Beispiel während des Feldzuges des Königs Stefan Batory gegen das aufständische Danzig im Jahre 1577 oder während des polnisch-schwedischen Streites um Livland am Anfang des 17. Jhs. Das ganze 16. und 17. Jh. hindurch stationierte in der Burg polnische Besatzung - eine etwa 200 Menschen starke Infanterietruppe. Im Falle einer Ge-

*Mittelschloßansicht. Aquarell von J.C. Schultz von 1850*

fahr wurde die Zahl der Soldaten je nach Bedarf und Möglichkeiten vergrößert.

Man darf auch die Rolle der Marienburg in Plänen des Königs Sigismund August nicht übersehen, der eine mächtige Ostseeflotte zu bilden beabsichtigte. Seit 1568 hatte die erste polnische Admiralität, die sog. Ostseekommission ihren Sitz in der Burg. Die Kommission wurde unter anderem aus Einkommen der Marienburger Ökonomie finanziert.

Lange Zeit wurde das Gotische an der Burg nicht verändert. Erst in der zweiten Hälfte des 16. Jhs bewirkten neue Bedürfnisse ihrer Bewohner die ersten Umgestaltungen. So baute Jan Kostka, Schatzmeister und Ökonom zugleich, mit Erlaubnis des Königs, ein hölzernes Haus am südlichen Rand des Mittelschloßhofes. So entstand quasi der vierte Flügel der Burg; um so mehr, als daß man später das Haus mittels eines gedeckten Ganges mit der Residenz des Königs im Palast und mit dem Ostflügel verband.

Dieses Haus blieb bis zu unserer Zeit nicht mehr erhalten, wir wissen nichts von seinen Innenräumen. Bestimmt mußten sie jedoch einen plastischen Dekor besitzen, wovon wir auf Grund anderer Schloßteile beurteilen können. Noch vor zwanzig Jahren waren die Reste der bemalten Decke aus der polnischen Zeit im langen Raum über dem Kapitelsaal ablesbar. Ein anderes Beispiel der Renaissancemalerei in monochromatischer Technik en grissaille befand sich an der Nordwand der St. Bartholomäuskapelle.

Der Hauptturm, bisher mit einem Zinnenkranz versehen, erhielt um 1585 den ersten Helm. Der Schatzmeister Jan Dulski erbaute darauf ein Renaissancetürmchen mit einer kleinen Kuppel und Spitze, das geschickt die massive Form des Burgturmes unterstrich. Die Adaptation des Hauptgeschosses des Palastes an die zeitweilige Residenz der polnischen Könige bewirkte keine wesentlichen Bauveränderungen. Sie waren übrigens nicht notwendig. Eine Ausnahme bildete der Umbau der Kapelle, wo auf Wunsch des Königs Sigismund III. ein repräsentatives Treppenhaus errichtet wurde, das den direkten Zugang vom Hofe zu königlichen Gemächern im Obergeschoß ermöglichte.

Im Jahre 1626 begannen die Schweden mit dem Einmarsch in Preußen den Krieg gegen Polen. Nach den schweren Kämpfen im Juli dieses Jahres eroberte der schwedische König Gustav Adolf die Burg. Erst nach dem Waffenstillstand von Stuhmsdorf (1635) kehrte die Marienburg zum Königreich Polen zurück. Die Kämpfe um die Festung und mehrjähriger Aufenthalt der Schweden in der Burg trugen im hohen Maße zu ihrer Verwüstung bei. Die Dächer wurden durch Artilleriebeschuß beschädigt; die so entstandenen Löcher zogen weitere Schäden durch Witterungseinflüsse nach sich. Am schwersten war die Vorburgbebauung betroffen; vieles hörte auf zu existieren, zum Beispiel der ganze mittlere Teil der Wirtschaftsgebäude auf der westlichen Seite. Zu den Kriegsvernichtungen kamen noch große Brandbeschädigungen von 1644 hinzu, die Dächer des Hochschlosses, das Obergeschoß des Danskers und den Renaissancehelm auf dem Hauptturm erfaßten.

Glücklicherweise kam die so schwer beschädigte Festung unter Aufsicht eines der begabtesten königlichen Beamten während der gesamten polnischen Zeit - Gerhard Denhoff. Dieser in Marienburg geborene Staatsmann und Soldat war vertrauter Berater und engster Mitarbeiter des Königs Władysław IV. In den vierziger Jahren des 17. Jh. bis zu seinem Tode im Dezember 1648 übte Denhoff gleichzeitig die wichtigsten Ämter in Preußen aus: des pommerellischen Woiwoden, des Schatzmeisters vom Königlichen Preußen, des Marienburger Starosten und Ökonomen. Er hat die beschädigte Burg größtenteils wiederaufgebaut. Im Hochschloß errichtete er neue Dächer im Nord- und Westflügel, renovierte die oberen Mauern des Dansker-Turms, und Pultdächer über den Kreuzgängen um Innenhof. Die neuen Dächer im Hochschloß über seinem Nord- und Westflügel erhielten eine kleinere Höhe als vorher, was das gotische Aussehen des ältesten Teils der Burg wesentlich veränderte. Im Mittelschloß brachte Denhoff unter anderem die durch die schwedischen Truppen verwüstete Bartholomäuskapelle in Ordnung. Als die Arbeiten abgeschlossen waren, wurde die Kapelle neu geweiht und erhielt den neuen Schutzpatron den Hl. Adalbertus. In der Vorburg wurden die schwer beschädigten Wirtschaftshäuser hinter der Lorenz-Kirche, der Kornspeicher des Landvogts am Nogatufer und der alte Karwan wiederaufgebaut. Viele Räume wurden frisch angestrichen und mit neuen Fenstern und Türen, neuen Fußböden und Kachelöfen ausgestattet. Der König Johann Kasimir sah die Notwendigkeit der ständigen Betreuung eines solchen großen Baukomplexes ein und ernannte schon nach dem Tode Denhoffs einen ständigen Burgbaumeister - Tomasz Hertmański, der seit dieser Zeit in der ehemaligen Wachstube an der Brücke, die zum Hochschloß führte, wohnte. Das Jahrzehnt um die Mitte des 17. Jhs bis zum zweiten schwedischen Krieg kann man als die beste Zeit in der Burggeschichte unter polnischer Herrschaft ansehen.

Die unruhige zweite Hälfte des 17. Jhs ermöglichte keinen Wiederaufbau der beschädigten Festung. Der zweite polnisch-schwedische Krieg, der mit dem Friedensvertrag zu Oliwa im Jahre 1660 endete, brachte weitere Vernichtungen mit sich. Nach diesem Krieg begann der allmähliche Verfall des Marienburger Arsenals. Die Bauarbeiten waren auch durch kriegsbedingte Erschöpfung der königlichen Schatz kammer beschränkt. Die Krise wurde noch durch zahlreiche Durchmärsche der sächsischen, schwedischen und russischen Truppen vertieft, wovon die ganze Stadt vom Ende des 17. bis zur Mitte des 18. Jh. betroffen wurde. Größere Bauvorhaben führten damals nur Jesuiten, die sich 1618 in der Burg niederließen; doch intensiver wird erst nach dem zweiten polnisch-schwedischen Krieg. In der zweiten Hälfte des 17. Jhs erneuerten sie das Innere der Marienkirche, am Ende dieses Jahrhunderts und in der ersten Hälfte des nächsten stifteten sie die Barockausstattung der Kirche. Diese Ausstattung bestand aus vier Altären (einem Hauptaltar und drei Seitenaltären), einer Kanzel, einem Orgelprospekt und Bänken. Um die Mitte des 18. Jhs bauten die Jesuiten zwischen der Marienkirche und dem Ostflügel des Mittelschloßes ein mehrstöckiges Kollegiumsgebäude. Es bildete über einhundert Jahre einen wesentlichen Akzent im Schloßpanorama von der Ostseite her gesehen, bevor es während der Renovierung am Ende des 19. Jhs abgebaut wurde.

In der zweiten Hälfte des 17. Jhs und im 18. Jh. verlor die Burg immer mehr an militärischer Bedeutung; die Wehrlanlagen, lange Zeit nich gepflegt, unterlagen einer langsamen Reduzierung. Die Mauern und Türme verfielen, wozu noch die über die Ufer tretende Nogat beitrug. Das Königreich Polen widmete seine ganze Aufmerksamkeit dem Grenzgebiet zwischen Polen und der Türkei, wovor die größte Gefahr drohte. Schrittweise erschien auf der Vorburg eine ungeordnete Wohnbebauung, die immer dichter das Hoch- und Mittelschloß umgab. Die Baumeister nutzten die alten Wehrmauern, indem sie die neuen Häuser an die Mauern anlehnten, so daß in der zweiten Hälfte des 18. Jhs sich das alte System der einst riesigen Fortifikationen nicht mehr erkennen ließ.

Die letzte größere Arbeit in der polnischen Zeit der Burg war der Wiederaufbau der durch den Brand von 1644 vernichteten Dächer des Süd- und Ostflügels des Hochschloßes und der Umbau der gotischen Kreuzgänge im Barockstil und Errichtung 1756 durch den Starosten Michał Ernest Rexin eines barocken Helms auf dem Hauptturm. Derselbe Starost führte auch die Restaurierung der Amtsräume der Marienburger Beamten im Nord- und

Ost-flügel des Mittelschlosses durch, und baute den Westteil der St. Annen-Kapelle um, wo er eine neue Gruftkrypta errichtete.

So wurde die erste lange Etapppe der Burgexistenz beendet; in dieser Zeit unterlag sie zwar Veränderungen, aber sie waren nicht radikal. Während dieser ganzen Zeit war in der Burg ein ständiger Benutzer, der eine bestimmte Konzeption der Bewirtschaftung hatte; diese Konzeption setzte gewissermaßen die ursprünglichen Funktionen fort.

Die Jahre 1772-1804 gehören zu den schlimmsten in der Geschichte der Burg. Die Besetzung der alten Festung durch die Truppen des Königs Friedrich II., infolge der ersten Teilung Polens im Jahre 1772, bedeutete den völligen Bedeutungsverlust der ehemaligen Burg der Ordensritter. Der Bau war den Lebensbedingungen im 18. Jh. nicht gewachsen und die preußische Beamten behandelten es u.a. als eine Quelle der Baumaterialgewinnung. Die Nutzung der Gebäude zunächst als Kaserne (1773-1774) dann als Militärlagerräume (1801-1804) führte zu radikalen Umgestaltungen und unumkehrbaren Verwüstungen. Fast alle gotischen Gewölbe im Hochschloß wurden abgerissen und durch die für Lagerräume typischen Holzdecken ersetzt. Die neu entstandenen Stockwerke waren mittels der neu durchgebrochenen viereckigen Fenster beleuchtet. Von der Stadtseite errichtete man eine zusätzliche Einfahrt, die den direkten Zugang zum Schloß durch einen quer dem Südflügel durchgebrochenen Gang, ermöglichte. Im Mittelschloß riß man das Eingangstor und den oberen Teil des Firmariedanskers - des “Hühnerfußes” - ab. In den Prunkräumen des Palastes baute man ein zusätzliches Stockwerk und richtete dort Weberwerkstätte und die Wohnungen für die Weber ein.

Der Große Remter übernahm die Funktion des Exerzierplatzes für das Heer, was ein Todesurteil für reiche Ausschmückung und Ausstattung dieses prächtigen Saals bedeutete. In der Vorburg brach man das St. Lorenz-Tor und den Ochsenturm ab, der sich innerhalb der Fortifikationen an der Nordseite befand. Zu den großen Verlusten gehörte auch die Vernichtung einer großen Zahl von alten Türen, Fenstern, Öfen, Fußböden und verschiedenartigen Bauelementen und wertvollen Stücken des damaligen Mobiliars. Den Gipfel des Utilitarismus der preußischen Beamten bildete die Absicht, die ganze

Burg abzutragen, um Material für den Bau der großen Lagerräume zu gewinnen. Der Plan dieses Unternehmens, der von dem Oberregierungsrat David Gilly vorbereitet wurde, konnte wegen der hohen Kosten nicht realisiert werden.

Am Ende des 18. Jhs begann in der europäischen Kultur die romantische Strömung zu dominieren; sie lehnte den aufklärischen Pragmatismus ab und brachte eine Faszination für das Mittelalter. Die alten Bauten gewannen als Denkmäler der Vergangenheit an der Bedeutung an, um sie zu schätzen mußte man schon nicht mehr eine utilitarische Begründung zu suchen. Auch in der Marienburger Festung wurden geistige, künstlerische und historische Werte bemerkt.

Ein großes Interesse dafür erweckte in Deutschland ein Album mit Ansichten der Marienburg, das von drei jungen Berliner Künstlern: Friedrich Gilly d.J., Friedrich Frick und Friedrich Rabe, die in Lieferungen 1799 veröffentlicht wurde. Sie zeigten der Öffentlichkeit die durch weiteren Verfall gefährderten Werte dieses alten Baus. Im Jahre 1804 wurde ein Regierungsgesetz verabschiedet, das dem weiteren Verfall ein Ende setzte und die Burg als ein Denkmal der alten Architektur in entsprechenden Schutz nahm. Auf diese Weise wurde die Marienburg zu einem der ersten Baudenkmäler Europas, das planmäßige Denkmalpflege genoß. Die frühen Forschungs- und Restaurierungsarbeiten, die in der Marienburg geführt wurden, bahnten den Weg der Bemühungen um den Schutz der nächsten alten Bauten.

Auf das Jahr 1817 fällt die erste Phase des sog. „romantischen Wiederaufbaus", der eine Wiederherstellung der Burg anstrebte, wie sie nach idealisierten Entwürfen der Autoren früher aussah. Ein großer Anhänger dieser Restauration und ihr vieljähriger Patron war der Oberpräsident von Preußen Theodor von Schön, der aus der Marienburg ein „Pantheon von Preußen", vergleichbar mit dem Londoner Westminster, zu errichten beabsichtigte. Die Arbeiten führte man nur im Mittelschloß, vor allem im Hochmeisterpalast. Im Hoch-

*Mittelschloßansicht vom Nordwesten. Aquarell von J.C. Schultz, Mitte des 19. Jh.*

schloß erhielt nur der Hauptturm einen neuen Abschluß an Stelle des beseitigten Barockhelms, der wegen des schlechten technischen Zustands abgebaut wurde. Schon nach zehn Jahren gewannen die repräsentativen Räume im Hauptgeschoß des Palastes ihre alte Pracht. Besondere Aufmerksamkeit lenkte man dabei auf die Ausfüllung aller Fenster mit der bunten Glasmalerei, die u.a. figurale Szenen aus der Ordensgeschichte präsentierte. Demnächst wurden zwei Flügel des Mittelschlosses - der westliche und nördliche, mit dem Zinnenwerk geschmückt übrigens auf Grund der falscher Vorstellungen über die gotische Architektur. Man kann also ganz allgemein feststellen, daß man sich, obwohl der Zweck der Arbeiten war, die authentische Gestalt der Burg wiederherzustellen, auf unsichere Angaben, fehlerhafte Grundsätze, sogar auf schöpferische Phantasie stützte, was zu historisch unbegründeten Rekonstruktionen - wie zum Beispiel der erwähnte Zinnenkranz über den beiden Flügeln des Mittelschlosses oder der Giebel der Großkomturei - führte. Heute haben sich alle diese wagemutigen Leistungen der romantischen Sehweise der Burgarchitektur nur auf alten Ansichten und archivalischen Fotos erhalten. Die nächsten Jahre brachten eine Meinungsevolution hinsichtlich der Restaurierung der Bau- und Kulturdenkmäler mit sich und folglich die Beseitigung von der Struktur der Bautender unbegründet rekonstruierten Elemente von der ersten Hälfte des 19. Jhs. Die wenigen, noch bis heute erhaltenen Beispiele der Tätigkeit der romantischen Restauratoren stehen zur Zeit unter sorgfältigem Schutz, wobei die Teilnahme an dieser Arbeiten eines der hervorragendsten Architekten, Karl Friedrich Schinkels nicht ohne Bedeutung war.

Die Ergebnisse der ersten Wiederherstellung der Burg in der ersten Hälfte des 19. Jhs wurden kritisch vom ersten Konservator der Kunstdenkmäler in Pommern Ferdinand von Quast beurteilt. Dieser vielseitig ausgebildete Schüler von Schinkel war der Ansicht, daß vor Aufnahme jeglicher Arbeiten in alten Objekten zuerst architektonischarchäologische Forschungen durchgeführt werden sollten. Er regte auch die Vermessungs- und Forschungsarbeiten im Hochschloß an. Im Jahre 1851 ist in der Zeitschrift "Neue Preußische Provinzial-Blätter" ein Artikel von Quast unter dem Titel "Schloß Marienburg" erschienen. Dieser Aufsatz trug dazu bei, daß sich die erste Konzeption des ganzheitlichen Wiederaufbaus der Burg langsam zu bilden begann, die erst Ende des 19. Jhs von Conrad Steinbrecht verwirklicht wurde.

Im Gegensatz zu der romantischen Idee der ersten Wiederherstellung der Marienburg gingen die gründlichen archivalischen und architektonischen Forschungen und Ausgrabungsarbeiten den baukonservatorischen Tätigkeiten, die zum Schluß des 19. und am Anfang des 20. Jhs vom Architekten Conrad Steinbrecht geführt wurden, voraus. Die Ergebnisse der Studien des gewonnenen Materials bildeten die wissenschaftliche Grundlage für die Restaurierung sowohl der Fassaden, als auch der Innenbebauung, der Form der Innenräume und der architektonischen Details. Der Mangel an Angaben ließ sich durch Erkenntnisse über andere Ordensschlösser zu beseitigen, bei der Rekonstruktion der alten Ausstattung bediente man sich der erhaltenen Beispiele des mittelalterlichen Mobiliars in Klöstern und Schlössern Westeuropas. Es wurde damals bisher nie anders getroffene, gewaltige Dokumentation geschaffen, dank deren haben wir heute eine ungewöhnliche Möglichkeit den Bauverlauf genau analysieren zu können.

Seit 1882 wurde in kaum fünfzehn Jahren unter Leitung von Steinbrecht der älteste Teil der Burg wieder gotisch; die Arbeiten im Mittelschloß dauerten im Prinzip bis zum Jahre 1923. Das Endresultat war ein Werk, das ein anschauliches Bild dessen vermittelte, wie die Burg in der Blütezeit des Ordens im ausgehenden Mittelalter aussehen konnte. Steinbrecht realisierte seine Idee einer idealen gotischen Burg nach dem Grundsatz der Stileinheit, wobei er aus dem Bau alle Elemente aus späterer als Mittelal ter Zeit, sowohl der polnischen, als auch der Zeit Friedrichs II. und der romantischen Restaurierung beseitigte.

Der Konservator begnügte sich nicht nur mit der Wiederherstellung der gotischen Gestalt der Burg. Er strebte daran, eine Illusion des Lebens zu schaffen und richtete die wiederaufgebaute Innenräume mit solcher Ausstattung ein, die der Epoche der Ordensritter entsprach. Die Einrichtung bestand sowohl aus echten Möbeln und Geräten, als auch aus sorgfältig hergestellten Kopien. Es entstand auch im Laufe der konservatorischen Arbeiten eine der reichsten Sammlungen der mittelalterlichen architektonischen Elemente in Europa, die sowohl aus der Marienburg als auch aus anderen Baudenkmälern in Preußen stammten. Die Sammlung befand sich in einigen Lapidarien und wurde zum wertvollen Vergleichsmaterial bei den architektonischen Arbeiten, auch bei diesen, die man nach den katastrophalen Zerstörungen des letzten Weltkrieges realisieren mußte.

Sehr wichtig waren politische Bedingungen des Wiederaufbaus des Ordenschlosses zum Schluß des 19.Jhs. Die romantische Epoche, samt Gotik und Schloß, entdeckte seine Schöpfer wieder - den Kreuzritterorden, der in Preußen entweder in den negativen Erinnerungen existierte, oder ganz vergessen wurde. Seine Geschichte wurde jetzt der allgemeinen Geschichte Deutschlands angeschlossen und durch das ganze 19.Jh. wurde darauf die Tradition der deutschen Anwesenheit im Osten gebaut. Die Marienburg, als die Hauptstadt des Ordensstaates, erhielt in dieser Ideologie eine besondere Bedeutung.

Zum Schluß des 19. Jhs wurde der historischen Festung eine neue Rolle bestimmt - sie sollte eine von den Residenzen des Kaisers des vereinigten Deutschlands sein. Das in der ersten Hälfte des 19. Jhs, von Theodor von Schön, ausgeträumte Pantheon von Preußen, wurde in ein Regierungsgemach umgewandelt, die Stätte der Versammlungen der freien Bürger und der Staatsfeste von deutlich antipolnischem Charakter. Das Ordensschloß wurde in den früheren prächtigen Zustand zurückgebracht, damit es die Rolle des historischen Denkmals ausübte, das den Deutschen an ihre „ehemaligen Heimatsrechte" erinnern sollte.

Sicherlich konnte keiner von den deutschen Konservatoren, die das Schloß mit solcher Sorgfalt im 19. und am Anfang des 20. Jhs wiederherstellten, erahnen, daß die Burg wieder die Funktion einer Festung übernimmt. Am Ende des II. Weltkrieges wehrte sich die stark befestigte Marienburg fast zwei Monate lang hartnäckig gegen die Belagerung der sowjetischen Truppen. Nachdem die Deutschen die Wehrpunkte in der Stadt langsam verloren hatten, zogen sie sich in die Burg zurück, wo das Drama ihren letzten Aufzug erlebte. Die Eroberung der Marienburg im März 1945 wurde mit der Zertrümmerung der Gebäude der Altstadt und vieler unschätzbaren Teile des Schlosses bezahlt.

Im Folge der lang andauernden Artilleriebeschusses lagen fast alle Gebäude der Vorburg in Trümmern: der Karwan, das Schnitzhaus, die Gießerei, der Wirtschaftshäusern hinter der Lorenz-Kirche und das Neue Tor. Von den Türmen des äußeren Wehrgürtels stand nur der Buttermilchturm und zwei Türme des Brückentores an der Nogat. Zwei wichtigste Teile - das Hochschloß und das Mittelschloß - boten von der Ostseite einen tragischen Anblick an: die zerrissenen Au-

*Kreuzigungsgruppe an der Nordwand der Schloßkirche, Zustand von ca. 1950*

*Nordwand der Schloßkirche, Ostansicht, Zustand von ca. 1950*

ßenmauern, beschädigten Dächer und Löcher an Stelle der Fenster. Eine riesige Lücke an Stelle der Marienkirche und der Annenkapelle bedeutete eine fast völlige Vernichtung der beiden sakralen Innenräume und des hohen Glockenturmes, der vom 14. Jh. den höchsten Akzent im Schloßpanorama bildete. Bis zum Krieg haben diese Teile der Burg, außer dem Hochmeisterpalast den größten Prozentsatz an mittelalterlicher Bausubstanz bewahrt. Gleichzeitig mit dem vieleckig verschlossenen Presbyterium der Kirche stürzte die Mosaikfigur der Madonna ein. Zertrümmert wurde auch der südöstliche Giebel des Hochschlosses mit einem Teil des Gewölbes der Konventsstube, das Glöcknerhäuschen auf dem Nordparcham und ein großer Teil des Pfaffenturmes mit der Ostwand und Gewölben in beiden oberen Stockwerken. Eine riesengroße Lücke gähnte im Ostflügel des Mittelschlosses, wo sich früher der Repräsentationssaal mit einem auf sechs Säulen gestützten Gewölbe befand. Vor Zerstörungen wurde auch der Hochmeisterpalast nicht verschont, in dem ein Geschoß zwei Säulen der Ostfassade vernichtete und die Wand und das aus dem 19. Jh. stammende Gewölbe des Ecksaals durchbrach.

Tausende Kubikmeter von Schutt bedeckten Höfe, Burggräben und Innenräume; unter Trümmern lagen viele wertvolle architektonische Elemente und Ausstellungsstücke des Vorkriegsmuseums begraben. Unter dem gehäuften Schutt und Glas lagen in völliger Unordnung Stücke der stark beschädigten Möbel, teilweise verbrannte Skulpturen und zerrissene oder naß gewordene Altdrucke aus Bibliotheken in Danzig und Pelplin, die im Schloß vor der sich annähernden Frontlinie deponiert wurden. Die Reste der hölzernen Dachkonstruktionen an gebrochenen Mauern drohten jeden Augenblick einzustürzen. Beschädigte Dächer, glaslose Fenster setzten die verbliebenen Reste der Ausstattung der Innenräume Witterungseinflüssen ein. Die allgemeinen Vernichtungen des Schloßes durch die Kriegshandlungen schätzt man auf etwa 50%.

Heute tragen nur einige, noch in Trümmern gebliebene Gebäude der Vorburg Spuren dieser Tage. Vom Ausmaß der Vernichtungen beider Hauptteile - des Hoch- und Mittelschlosses, zeugen heute nur archivalische Fotos. Der vom Schloßmuseum 30 Jahre lang geführte Wiederaufbau ließ der Burg ihre alte Pracht wiedergewinnen. Eine sorgfältige Restauration beseitigt langsam dic lctztcn Spuren der Kriegsschäden und bringt dabei die Einstellung der heutigen Konservatoren der Burg zu diesem prachtvollen Kunstdenkmal zum Ausdruck.

In den Jahren 1945-50 wurde die Marienburg vom Polnischen Armee-Museum in Warschau verwaltet, das hier eine von seinen Abteilungen organisierte. Man hat in dieser Zeit mit Ordnungs- und Sicherungsarbeiten begonnen. Die wichtigste Leistung dieser Periode war die Instandsetzung der Mehrheit der beschädigten Dächer, was trotz verständlichem Arbeitskräfte- und Materialmangel er-

*Die Südostseite des Mittelschloßes in den fünfziger Jahren*

*Hochschloß von Osten, Zustand von 1945*

folgte. Dies schützte die Burg bis zur Zeit der planmäßigen Fachrestaurierung. In den fünfziger Jahren wurde die Burg vom Polnischen Touristischen Verein (PTTK) verwaltet. Kleinere Aufräumungs- und Reparaturarbeiten waren mit dem ständig wachsenden Tourismus verbunden. Eine Belebung der Instandsetzung brachte Ende der fünfzigen Jahre die Entstehung eines Gesellschaftlichen Komitees zum Wiederaufbau der Burg mit sich, das von hiesigen Kulturschaffenden gegründet wurde. Dieser Ausschuß strebte auch die Gründung eines Museums an, das für das Schloß sorgen würde.

Die Entscheidung über das weitere Schicksal der Burg wurde durch einen Brand beschleunigt, der in der Nacht vom 7. zum 8. September 1959 alle Dächer über dem Nord- und Westflügel des Mittelschlosses vernichtete. Dieses Unglück machte allen den ungenügenden Schutz dieses wertvollen Denkmal bewußt. Seit dem 1. Januar 1961 befindet sich die Burg unter Obhut des Schloßmuseums, das vor allem für den Wiederaufbau, Restauration und richtige Erhaltung und Verwaltung der Burg sorgt.

Der Anfang war sehr schwer wegen der komplizierten konservatorischen Problematik. Mangel an wissenschaftliche Dokumentation, Zerstreung des Vorkriegsarchivs der Schloßbauverwaltung und Unvollständigkeit der Sammlungen von architektonischen Details und Elementen, erschwerten die Wahl entsprechender Arbeitsreihenfolge, der richtigen Methode der Mauerkonservierung und der richtigen Gestalt der zerstörten Schloßfragmente. Im Laufe der Arbeiten entstand jedoch eine entsprechende Dokumentation, es sammelte sich auch langsam eine Forschungsgruppe, die immer besser von der fachmännischen Seite vorbereitet und mit dem ganzen Herzen dem großen Unternehmen ergeben wurde.

Der Wiederaufbau des Schloßkomplexes in Marienburg in der Nachkriegszeit, obwohl noch nicht beendet, ist ein dauerhaftes und wichtiges Kapitel in der neuesten Geschichte der polnischen

*Die Marienkirche von der Südostseite nach 1945*

Denkmalpflege. Wir betrachten diesen Wiederaufbau als Fortsetzung der langen und wechselhaften Geschichte dieses prächtigen Bauwerkes, was genau an seinen Fassaden und in Innenräumen durch vielfältige Ziegelfarbe, ihre verschiedene Anordnung und unterschiedliche Oberflächenstruktur, aufgeschrieben wurde. Die Ergebnisse der bisherigen Bemühungen vieler Generationen der Konservatoren können wir heute beim Spaziergang zwischen den Burgmauern bewundern.

Es vergingen schon 200 Jahre vom Tag, als der junge Architekt Friedrich Gilly aus Berlin, in Marienburg eine Reihe von Zeichnungen mit Burgansichten ausführte, die heute als das erste Symptom des Interesses an der Kreuzritterburg angenommen wurden. Zu diesem wichtigen Jubiläum wurde an dem großen, erratischen Steinblock im Hof des Mittelschlosses, eine Gedenktafel angebracht, die allen Konservatoren gewidmet wurde, die durch die letzten 200 Jahre mindestens einen Teil ihres Lebens und Wissens diesem prächtigen Baudenkmal widmeten. Den Menschen, die sich, ungeachtet aller Schwierigkeiten bemühten, damit die Marienburg den nächsten Generationen dienen konnte.

# DIE HOCHMEISTER DES DEUTSCHEN ORDENS

*Der hochmeister in Ordenstracht.*
*P.H. Helyot, Leipzig 1754*

## 1. HOSPITALBRUDERSCHAFT

Residenz: Akkon (bis ca1230)

Sibrand 1190

Gerard 1192

Heinrich 1193/1194

Ulrich 1195

Heinrich (Walpot ?) 1196

## 2. RITTERORDEN

Heinrich Walpot 1198-1200

Otto von Kerpen 1200-1208

Heinrich von Tunna, gen. Bart 1208-1209

Hermann von Salza 1209-1239

Residenz: Montfort (Starkenberg) (ok. 1230?-1271)

Konrad von Thüringen 1239-1240

Gerhard von Malberg 1240-1244

Heinrich von Hohenlohe 1244-1249

Gunther von Wüllersleben 1249-1252

Poppo von Osterna 1252-1256

Anno von Sangershausen 1256-1273

Residenz: Akkon (1271-1291)

Hartmann von Heldrungen 1273-1282

Burchard von Schwanden 1282-1290

Residenz: Wenecja (1291-1309)

Konrad von Feuchtwangen 1291-1296

Gottfried von Hohenlohe 1297-1303
Siegfried von Feuchtwangen 1303-1311

Residenz: Marienburg (1309-1457)
Karl Beffart von Trier 1311-1324
Werner von Orseln 1324-1330
Luther von Braunschweig 1331-1335
Dietrich von Altenburg 1335-1341
Ludolf König 1342-1345
Heinrich Dusemer 1345-1351
Winrich von Kniprode 1352-1382
Konrad Zöllner von Rotenstein 1382-1390
Konrad von Wallenrode 1391-1393
Konrad von Jungingen 1393-1407
Ulrich von Jungingen 1407-1410
Heinrich von Plauen 1410-1413
Michael Küchmeister von Sternberg 1414-1422
Paul von Rusdorf 1422-1441
Konrad von Erlichshausen 1441-1449

Residenz: Königsberg (1457-1525)
Ludwig von Erlichshausen 1450-1467
Heinrich Reuß von Plauen 1467-1470
Heinrich Reffle von Richtenberg 1470-1477
Martin Truchseß von Wetzhausen 1477-1489
Johann von Tiefen 1489-1497
Friedrich von Sachsen 1498-1510
Albrecht von Brandenburg-Ansbach 1511-1525

Residenz: Mergentheim (1525-1809)
Walter von Cronberg 1527-1543

Wolfgang Schutzbar zw. Milchling 1543-1566
Georg Hund von Wenckheim 1566-1572
Heinrich von Bobenhausen 1572-1590/95
Maximilian von Österreich 1590/95-1618
Karl von Österreich 1619-1624
Johann Eustach von Westernach 1625-1627
Johann Kaspar von Stadion 1627-1641
Leopold Wilhelm von Österreich 1641-1662
Karl Joseph von Österreich 1662-1664
Johann Kaspar von Ampringen 1664-1684
Ludwig Anton von Pfalz-Neuburg 1684-1694
Franz Ludwig von Pfalz-Neuburg 1694-1732
Clemens August von Bayern 1732-1761
Karl Alexander von Lothringen 1761-1780
Maximilian Franz von Österreich 1780-1801
Karl Ludwig von Österreich 1801-1804

Residenz: Wien (ab 1809)
Anton Victor von Österreich 1804-1835
Maximilian Joseph von Österreich-Este 1835-1863
Wilhelm von Österreich 1863-1894
Eugen von Österreich 1894-1923

## 3. KLERIKALER ORDEN

Norbert Klein 1923-1933
Paul Heider 1933-1936
Robert Schälzky 1936-1948
Marian Tumler 1948-1970
Ildefons Pauler 1970-1988
Arnold Wieland 1988-

## HERMAN von SALZA
## 1209-1239

Die vierte Hochmeister des Ordens, übte das Amt in den Jahren 1209-1239 aus. Er wurde um das Jahr 1179 geboren, stammte aus Thüringen, aus einer Ministerialenfamilie. Er war der wirkliche Gründer des Ordens und einer seiner größten Meister; er verwandelte die bis dahin kleine Korporation in eine starke politischmilitärische Organisation. Seinebesondere politische Begabung ließ ihn diplomatische Dienste für den Kaiser Friedrich II. ausrichten. Er versuchte zuerst einen Ordensstaat im Osten Europas in Siebenbürgen (1211-1225) zu schaffen, was jedoch mißlang. Dem Anerbieten das Herzogs Konrad von Masovien folgend wurde er zum Gründer des Ordensstaates in Preußen. Er starb 1239 in Salerno und wurde in der Ordenskapelle in Barletta im südöstlichen Italien begraben.

## SIEGFRIED VON FEUCHTWANGEN
## 1303-1311

Der fünfzehnte Hochmeister des Ordens, übte das Amt in den Jahren 1303-1311 aus. Er stammte aus Franken, aus demselben Geschlecht, wie der dreizehnte Hochmeister Konrad von Feuchtwangen. Wir wissen sehr wenig über seine frühere Tätigkeit; sein Name erscheint in den schriftlichen Quellen erst am Ende 13. Jhs: 1289 als Deutschmeister, ein Jahr später als Komtur in Wien. Er übernahm das Amt nach der Abdankung seines Vorgängers Gottfried von Hohenlohe, in der Situation der inneren Zerstrittenheit im Orden. Zu seiner Zeit besetzte der Orden im Jahre 1308 mit Gewalt Danzig mit Pommerellen und wurde so zum größten Feind Polens. Siegfried verlagerte den Hauptsitz des Ordens von Venedig nach Marienburg, wo er 1311 starb und im Dom in Kulmsee beigesetzt wurde.

## KARL BEFFART von TRIER
## 1311-1324

Der sechzehnte Hochmeister des Ordens in den Jahren 1311-1324. Er wurde um das Jahr 1265 geboren und stammte aus einer alten Trierer Patrizierfamilie. Er galt als einer der gebildetesten Ordensritter. In den 90-ziger Jahren übte er das Amt des Komturs in deutschen und französichen Balleien, im Jahre 1304 begleitete er als Großkomtur den Hochmeister Siegfried von Feuchtwangen in Venedig. Er war ein Gönner der Reformen im Orden, aber seine Versuche stießen auf Widerstand; er bildete zum Beispiel das Schaffneramt, dessen Beamten als einzigen Brüdern das Handelstrieben gestattet wurde. Der Streit zwischen Ordensgebietiger zwang ihn 1317 Preußen zu verlassen. 1318 wurde während des Generalkapitels in Erfurt ihm die Würde des Hochmeisters zurückverliehen, doch nach Preußen kam er nicht mehr. Den letzten Lebensabschnitt verbrachte er in Trier, wo er 1324 starb und in der St. Katharina Kirche beigesetzt wurde.

## WERNER von ORSELN
## 1324-1330

Der siebzehnte Hochmeister des Ordens, bekleidete das Amt in den Jahren 1324-1330. Er wurde um das Jahr 1280 geboren und stammte höchstwahrscheinlich aus Hessen. Er war der engste Mitarbeiter und Schützling des Hochmeisters Karl von Tier. In den Jahren 1312-1313 war er Komtur von Ragnit, einer wichtigen Burg im Kampf gegen Litauen; dann übte er 1315-1324 die Funktion des Großkomturs aus. Die Würde des Hochmeisters wurde ihm im Juli 1324 in Marienburg verliehen. 1327 besetzte er Kujawien und begann einen Krieg gegen Polen. In seiner Regierungszeit entstand die Hochmeisterkanzlei: die sogenannte Kleine Kanzlei. Er trug auch wesentlich zum Ausbau der Marienburg bei, besonders wenn es sich um Wehranlagen handelt. In November 1330 wurde er vom Ordensbruder Endorf, beim Verlassen der Konventskirche ermordet.

## DIETRICH von ALTENBURG
## 1335-1341

Der neunzehnte Hochmeister des Ordens, hatte das Amt in den Jahren 1335-1341 inne. Er stammte aus Thüringen. In den Jahren 1320-1324 war er Komtur in Ragnit, später 1326-31 in Balga. Als Oberst-Marschall (seit 1331) führte er Eroberungszüge gegen Polen und eroberte für den Orden Kujawien. Ein Mensch angeklagt im päpstlichen Prozeß wegen Verbrechen, die er während des Krieges in Polen 1331 beging. Als Hochmeister war er eifrig am Bau und Ausbau der Burgen tätig. In der Marienburg begann er den Ausbau der Marienkirche, den Bau des Hauptturmes, errichtete die mosaizierte Madonnastatue, vollendete die Annenkapelle und baute die erste feste Brücke über die Nogat mit dem Brückentor. Er erkrankte und starb im Oktober 1341 in Thorn, wohin er zur Vertragschließung mit Polen gekommen war. Er war der erste Hochmeister, der in der Annenkapelle beigesetzt wurde; seine Grabplatte hat sich bis heute erhalten.

## HEINRICH DUSEMER
## 1345-1351

Der einundzwanzigste Hochmeister des Ordens, in den Jahren 1345-1351. Er wurde um das Jahr 1280 geboren, stammte wahrscheinlich aus Franken. Er begann seine militärische Laufbahn als Komtur von Ragnit mit Kämpfen gegen Litauen. Nach fünf Jahren wurde er Komtur von Brandenburg und in den Jahren 1335-39 Oberst-Marschall. Nach Abdankung des Hochmeisters Ludolf König im Jahre 1345 wurde er zum Statthalter Preußens und nach einigen Monaten im Dezember dieses Jahres zum Hochmeister gewählt. Er gehörte zu den größten Kolonisatoren des Ordens, er verstärkte vor allem die Besiedlung Südpreußens. Wahrscheinlich beendete er den Bau des prächtigen Großen Remters im Mittelschloß. Im Jahre 1351 mußte er krankheitshalber abdanken und kehrte nach Bratian zurück, wo er zwei Jahre später starb. Er wurde in der Annenkapelle begraben; seine Grabplatte hat sich bis heute erhalten.

## WINRICH von KNIPRODE
## 1352-1382

Der zweiundzwanzigste Hochmeister, bekleidete das Amt in den Jahren 1352-1382. Er wurde um das Jahr 1310 im Rheinland geboren. In den Jahren 1338-41 übte er die Funktion des Komturs von Danzig aus und im Jahre 1342 des Komturs von Balga. In den Jahren 1342-46, in der Zeit des Hochmeisters Ludolf König, bekam er das Amt des Oberst-Marschalls. Heinrich Dusemer verlieh ihm im Jahre 1346 die Würde des Großkomturs. Nach Abdankung Dusemers wurde er zum Hochmeister gewählt und war der am längsten regierende Ordensgebietiger. Seine Amtsperiode wird als Höhepunkt der Macht des Ordensstaates angesehen. Im Jahre 1365 empfing Kniprode als erster Hochmeister auf der Marienburg den polnischen König Kasimir III. Mit großem Fleiß setzte er den Bau des Palastes im Mittelschloß fort; zu seiner Zeit errichtete man auch die Stadtmauern um die Marienburg. Er starb im Jahre 1382 und wurde in der Annenkapelle beigesetzt.

## ULRICH von JUNGINGEN
## 1407-1410

Der sechsundzwanzigste Hochmeister; hatte sein Amt in den Jahren 1407-1410 inne. Der jüngere Bruder des vorangehenden Hochmeisters Konrad von Jungingen (1393-1407). Er wurde um das Jahr 1360 in Schwaben geboren. In den Jahren 1391-92 übernahm er die Funktion eines Kompans des Hochmeisters Konrad von Wallenrode. In den Jahren 1396-1404 war er Komtur in Balga und 1404 wurde er Oberst-Marschall. Schon als Hochmeister erklärte er im Jahre 1409 den Krieg gegen Polen. Es kam zur Tannenbergschlalcht (Grunwaldschlacht) am 15. Juli 1410, einer der größten im mittelalterlichen Europa, die Macht des Ordens vernichtete. Die Leiche des in dieser Schlacht gefallenen Ulrich von Jungingen ließ der polnische König Władysław Jagiełło in die Marienburg abtransportieren. Er fand seine ewige Ruhe in der Annenkapelle.

HEINRICH von PLAUEN

1410-1413

Der siebenundzwanzigste Hochmeister übte sein Amt in den Jahren 1410-1413 aus. Er wurde um das Jahr 1370 in Thüringen geboren. In den Jahren 1399-1402 war er Hauskomtur in Danzig, danach Komtur von Nessau (1402-1407) und Komtur von Schwetz (1407-1410). Nach der Tannenbergschlacht verteidigte er erfolgreich dei Marienburg von polnischer Belagerung, deswegen wurde er Ende 1410 zum Hochmeister gewählt. Er regierte sehr kurz mit Hilfe blutiger Repressalien und suchte ständig Rache an Polen. Er wurde seines Amtes durch eine Verschwörung der Ordensgebietiger enthoben und mit seinem Bruder, dem Komtur von Danzig in den Kerker geworfen. Den Rest seines Lebens verbracht er auf der Burg Lochstedt, wo er 1429 starb. Er wurde in der Annenkapelle auf der Marienburg beerdigt; die Grabplatte blieb bis heute erhalten.

MICHAEL KÜCHMEISTER von STERNBERG

1414-1422

Der achtundzwanzigste Hochmeister, bekleidete diese Funktion in den Jahren 1414-1422. Er wurde um das Jahr 1370 geboren und stammte wahrscheinlich aus Schlesien. In den Jahren 1402-1405 amtierte er als Großchaffner in Königsberg. Während eines Ausfalls gegen Polen Ende 1410 geriet er während der Schlacht bei Krone in polnische Gefangenschaft und blieb dort bis zum Sommer 1411. Nach der Rückkehr nach Preußen verlieh ihm Heinrich vom Plauen die Würde des Oberst-Marschalls. Als Hochmeister setzte er sich für Frieden ein. Nach der tyrannischen Herrrschaft von Plauens begann eine Zeit der Entspannung. Um noch die Marienburg besser zu befestigen, setzte er den von Plauen begonnen Bau eines neuen Wehrgürtels an der Nordseite fort; zu seiner Zeit baute der Ordensbaumeister Nicolaus Fellenstein das Neue Tor. Nach der Abdankung im März 1422 zog er sich nach Danzig zurück, wo er 1423 starb.

## LUDWIG von ERLICHSHAUSEN 1450-1467

Der einunddreißigste Hochmeister, blieb in seinem Amt in den Jahren 1450-1467. Er wurde um das Jahr 1410 in Schwaben geboren; war Neffe seines Vorgängers -Konrad von Erlichshausen (1441-1449). In den Jahren 1436-40 war er Kompan des Hochmeisters Paul von Rusdorf, später Komtur von Schönsee (1442-1447) und Komtur von Mewe (1446-1450). Er war ein beschränkter und unbeherrschter Mensch, konzentriete sich auf dem Kampf gegen Preußische Stände und suchte ständig Abrechnung mit ihrem Bund. Zu seiner Regierungszeit dauerte ein langer Krieg (1454-66), wonach der Orden Pommerellen, Kulmerland, Ermland und ein Stück Pomesanies mit Werder und der Marienburg an Polen abtreten mußte. Im Jahre 1457 mußte Ludwig von Erlichshausen die Marienburg verlassen und Ordenshauptstadt nach Königsberg verlegen, wo er 1467 starb.

## ALBRECHT von BRANDENBURG-ANSBACH 1511-1525

Der siebenunddreißigste und letzte Hochmeister des Ordens in Preußen; übte sein Amt in den Jahren 1511-1525 aus. Er wurde 1490 als Sohn des Markgrafen Friedrich von Brandenburg - Ansbach und Sophie, Tochter des polnischen Königs Kasimir IV. geboren. Als Hochmeister schmiedete er Pläne des Krieges gegen Polen, wozu es auch im Jahre 1520 kam. Er endete ein Jahr später und war der letzte Krieg zwischen Orden und Polen. 1525 vollbrachte Albrecht Säkularisation von Preußen und legte den Huldigungseid vor dem polnischen König Sigismund dem Alten als Herzog eines weltlichen Lehnsfürstentums ab. Das bedeutete ein Ende des Ordensstaates in Preußen. Albrecht war auch als großer Liebhaber und Gönner der Kunst bekannt; seiner großzügigen kulturellen Politik verdankt ihre Entstehung die Universität in Königsberg. Er starb im Jahre 1568 in Tapiau.

# DAS SCHLOß MARIENBURG

## ABBILDUNGEN

*Die Nordwand des Mittelschloßes, Ansicht von der Vorburg*

*Das Vortor des Mittelschloßes mit der Haupteinfahrt auf den Innenhof*

*Halbplastik über dem Einfahrtstor zum Mittelschloß mit der Darstellung der Mutter Gottes - eine Kopie des Reliefs aus einer Rigaer Kirche*

*Mittelschloßes mit der Haupteinfahrt auf den Innenhof*

*Eine Teilansicht der Wand des Mittelschloßes mit dem verzierten Abschluß der Firmarie und dem Turm „Hahnenfuß”*

*Das Hochschloß von der Südostseite*

*Schnitztor und das Plauen-Bollwerk, im Hintergrund das Hochschloß*

*Das Hochschloß von der Südostseite*

*Das Hochschloß von der Südostseite*

*Eine Teilansicht der Ostwand des Schloßes von der Vorburg her*

*Marienkirche und der Hauptturm auf dem Hochschloß von der Ostseite*

*Der Pfaffenturm des Mittelschloßes von der Straße her*

*Der Pfaffenturm des Mittelschloßes*

*Turm „Über der Bäckerei" und Alte Schnitzhaus*

*Der Dansker des Mittelschloßes von der Straße her*

*Danskerabschluß auf dem Mittelschloßes*

*Vorderfassade des Hochmeisterpalastes und die Katharinenkapelle*

*Hochmeisterpalas von der Ostseite*

*Die Katharinenkapelle*

*Der Brunnen vor dem Großen Remter auf dem Mittelschloß; ein Gebäude vom Anfang des 20. Jh.*

*Der Hof des Mittelschloßes*

*Standbilder des Hochmeister auf dem Hof des Mittelschloßes am Fuße des Palastes, 19. Jh.*

*Hermann von Salza (1209-1239)*

*Siegfried von Feuchtwangen (1303-1311)*

*Winrich von Kniprode (1352-1382)*

*Albrecht von Brandenburg-Ansbach (1511-1525)*

*Vortor des Hochschloßes mit der Zugbrücke*

*Halbplastik mit der Ritterdarstellung - Kopie des Reliefs vom der Tor der Ordensburg in Bierzgłowo (Birgelau)*

*Das Portal des Einfahrttors zum Hochschloß, Ende des 13. Jh.*

*Eine Ansicht vom Hof auf die Kreuzgänge am Westflügel des Hochschloßes*

*Der Brunnen auf dem Hof des Hochschloßes; Wiederaufbau vom Ende des 19. Jh.*

*Brunnenabschluß auf dem Hochschloß mit der Darstellung des Pelikans der seine Jungen mit Blut füttert*

*Ansicht von der Brücke zum Hochschloß gegen Westen; die Perspektive des tiefen Grabens wird vom hohen Pfaffenturm abgeschlossen*

*Der Haupteingang zur Schloßkirche, die sog. Goldene Pforte; Ende des 13. Jh.*

*Figuren der klugen Jungfrauen von der Goldenen Pforte*

*Eine zoomorphe Figur von der Goldenen Pforte*

*Das portal des Annenkapelle*

*Ein Teil des plastischen Dekors das portal*

*Szene des Jüngsten Gerichts aus der Nordvorhalle der Annenkapelle*

*Himmelfahrt Mariä und Legende des Hl. Kreuzes sowie Anbetung der drei Könige und Entschlummern Mariä von den Tympana der Annenkapelle.*

*Der Brunnen auf dem Hof des Hochschloßes*

*Kreuzgang am ältesten, Nordflügel des Hochschloßes*

*Glasfenster in Fenstern des Kreuzgang*

*Kapitelsaal auf dem Hochschloß*

*Wandgemälde über dem Eingang zum Kapitelsaal auf dem Hochschloß mit der Darstellung der thronenden Madonna. Ein Werk von Hermann Schaper vom Ende des 19. Jh.*

*Das Innere den Konventsremter*

*Konventsstube, die zur Nachmittagsruhe diente*

*Sommerremter im Hochmeisterpalast - der repräsentativste Raum des Schloßes*

*Die Hohe Diele im Palast, die zu den Repräsentationsräumen führt*

*Königsberger Saal im Hochmeisterpalast*

*Winterremter nach Konservierungsarbeiten*

*Der Königsberger Saal nach der Konservierung*

*Der Ecksaal und der Niedrige Flur im Hochmeisterpalast nach den Konservierungsarbeiten*

*Floristischer Dekor der Gewölbe im Wohngemach des Hochmeisters*

*Ein Gemach in der Großkomturei auf dem Mittelschloß*

*Hochschloß und Hochmeisterpalast von Westen*

*Brückentor und Westfassade der Konventsburg*

*Brückentürme von der Passage am Fluß gesehen*

*Westfassade des Hochmeisterpalastes*

*Ein Teil des plastischen Dekors des Hochmeisterpalastes*

*Vortor des Hochschloßes mit einem Wachturm vom Mittelschloß her*

*Der westliche Wehrmauer*

*Der Südewestgiebel 1 des Hochschloßes*

*Der Südewestgiebel 2 des Hochschloßes*

*Innenansicht des Großen Remters*

*Kapitelle der Großremterpfeiler*

*Remter in der Großkomturei auf dem Mittelschloß*

*Halbplastik auf der Brunnenumfassung mit der Darstellung Christus am Jacobsbrunnen*

*Eine Apostelfigur von der Marienkirche auf dem Hochschloß, um 1340*

*Die Skulptur mit dem Christus am Ölberg; Anfang des 15. Jh.*

*Schlußstein vom Gewölbe der Schloßkirche (?), um 1340*

*Ein Ritter vom Säulenkapitell im Fensterdurchbruch des Nordkreuzganges*

*15. Juni 2001, 3.45 Uhr*

*Supraporta des Portals von 1773 auf der Westwand des Hochschloßes*

*Alter Efeu an der Westfront des Hochschloßes*

*Befestigungen der Vorburg auf deren Ostseite*

*Turm „Über der Bäckerei" und Alte Schnitzhaus*

*Buttermilchturm (Lichtenauer Turm)*

*Karwan (Zeughaus)*

*Lorenzkirche und Wirtschaftsbebauungszeile*

SAMMLUNG U.A. DER
KUNSTGEGENSTÄNDE AUS

BERNSTEIN

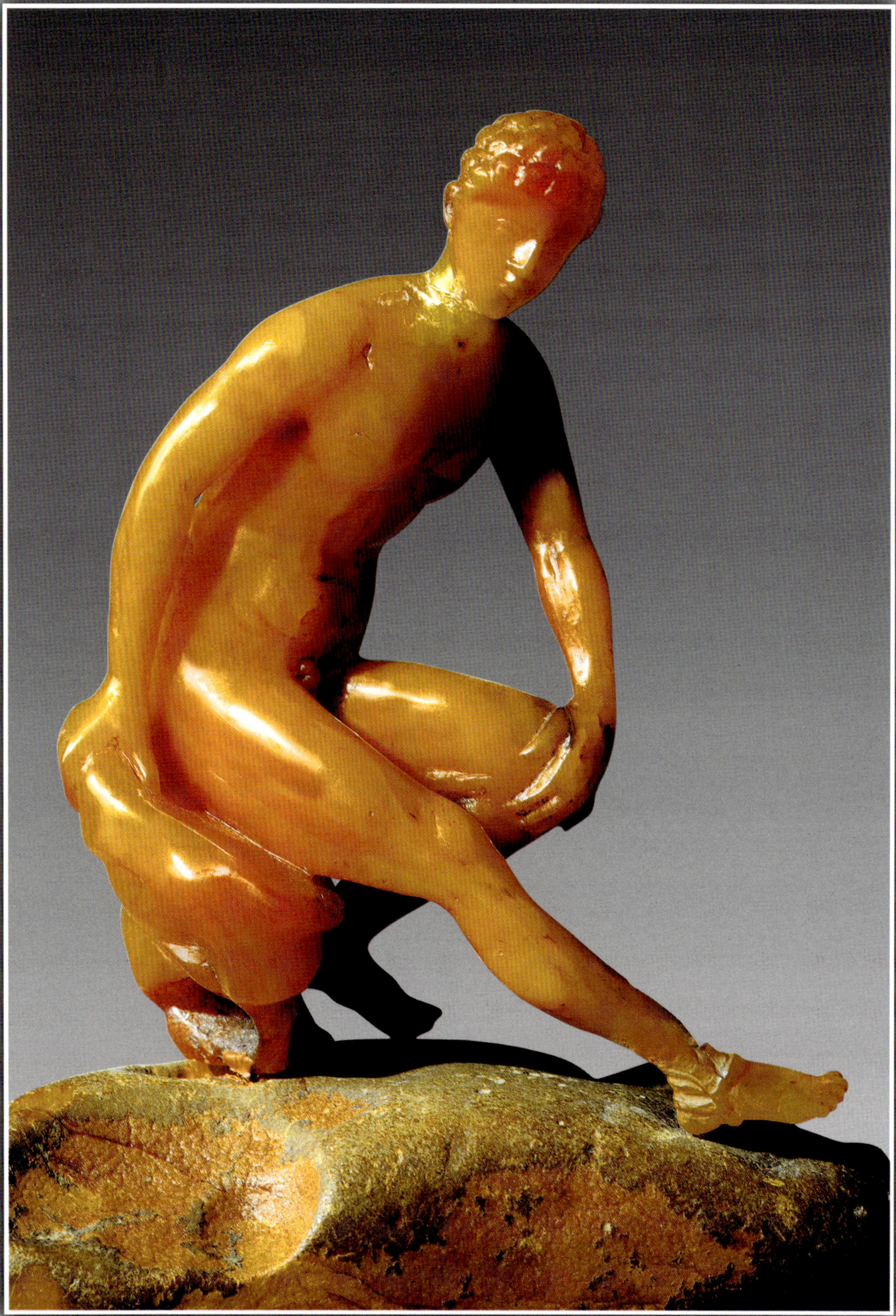

*Hermes-Figur, eine Miniaturkopie der bronzenen Skulptur der antiken Gottheit, die Lisypos zugeschrieben wird. Werkstatt unbekannt, um 1600*

*Schatulle aus bunten Bernsteinplatten, die direkt miteinander, ohne hölzerne Stützkonstruktion. Danzig, Anfang des 17. Jh.*

*Schatulle mit Holzkonstruktion, beklebt mit verschiedenen Bernsteinplatten. Danzig, um 1700*

*Bernsteinreliquiar in Monstranzform auf einem achteckigen Fuß. Danzig, Werkstatt von Michel Redlin, um 1680*

*Bernsteinaltar mit der Nachahmung der architektonischen Form des Kirchenaltars. Friedrich Schmidt aus Krutyń bei Mrągowo, um 1680*

*Kleiner Altar mit der Madonna mit dem Kind. Danzig, 2. Hälfte des 17. Jh.*

*Mehrgeschoßiger Altar, mit architektonischen Formen. Danzig, Datierung 1687*

*Barocke Schatulle mit reichem Schnitzdekor aus verschiedenen Arten von Bernstein. Danzig, Christoph Maucher, Ende des 17. Jh.*

*Bernsteinmedaillon aus dem Deckelinneren der Schatulle von Maucher mit dem Relief mit der Szene Venus mit Amor und Adonis. Danzig, Ende des 17. Jh.*

*Bernsteinkabinett des Königs Stanisław August Poniatowski. Danzig, nach 1771*

*Die Figur der chinesischen Fruchtbarkeitgöttin Kwan-Yin, China, Epoche des Kaisers Kein-Lung (1736-1795)*

*Bernsteinrahmen inkrustiert mit Perlmutt; im Inneren ein Miniaturrelief aus Elfenbein mit der Darstellung der Arke Noah. Danzig, um 1700*

*Spitzenwerkstatt mit Holzkonstruktion, mit Bernsteinverkleidung, verziert mit Medaillons mit allegorischem Inhalt. Werkstatt unbekannt, 18. Jh.*

Arnold U., Zakon Krzyżacki. Z Ziemi Świętej nad Bałtyk. Toruń 1996.
Arszyński M., Budownictwo warowne zakonu krzyżackiego w Prusach (1230-1454). Toruń 1995.
Biskup M., Labuda G., Dzieje zakonu krzyżackiego w Prusach. Gospodarka - społeczeństwo - państwo - ideologia. Gdańsk 1986.
Biskup M., Labuda G., Die Geschichte des Deutschen Ordens in Preussen. Wirtschaft, Gesellschaft, Staat, Ideologie. Osnabrück 2000.
Borchert F., Burgenland Preussen. Die Wehrbauten des Deutschen Ordens und ihre Geschichte. München-Wien 1987.
Chodyński A.R., Zamek Malborski w obrazach i kartografii. Warszawa 1988. Haftka M., Malbork. Album - przewodnik. Warszawa 1993.
Czaja R., Miasta pruskie a zakon krzyżacki. Toruń 1999.
Haftka M., Mierzwiński M., Malbork. Zamek krzyżacki. Warszawa - Monachium 1992.
Jakubowska B., Złota Brama w Malborku. Apokaliptyczne bestiarium w rzeźbie średniowiecznej. Malbork 1989.
Jóźwiak S., Powstanie i rozwój struktury administracyjno-terytorialnej zakonu krzyżackiego na południowych obszarach Prus Górnych do 1400 r.
Kilarski M., Mozaikowa figura malborskiej Madonny. Malbork 1993. Mamuszka F., Marienburg - Elbing - Frauenburg. Dülmen 1995. Mierzwiński M., Zamek w Malborku. Warszawa 1993. Mierzwiński M., Malbork. Wrocław 1995.
Nowak Z. H., Przyczynek do życia codziennego w zakonie krzyżackim. Zapiski historyczne. Tom 65. 2000.
Okulicz-Kozaryn Ł., Życie codzienne Prusów i Jaćwięgów w wiekach średnich (IX-XIII w.). Warszawa 1983.
Skibiński Sz., Kaplica na Zamku Wysokim w Malborku. Poznań 1982.
800 Jahre Deutscher Orden (Katalog wystawy w Germanisches Nationalmuseum w Norymberdze). Gütersloh/Monachium 1990.
Trupinda J., Okoliczności śmierci wielkiego mistrza Wernera von Orseln. Studia z dzieł średniowiecza, nr 7. Gdańsk 2000.

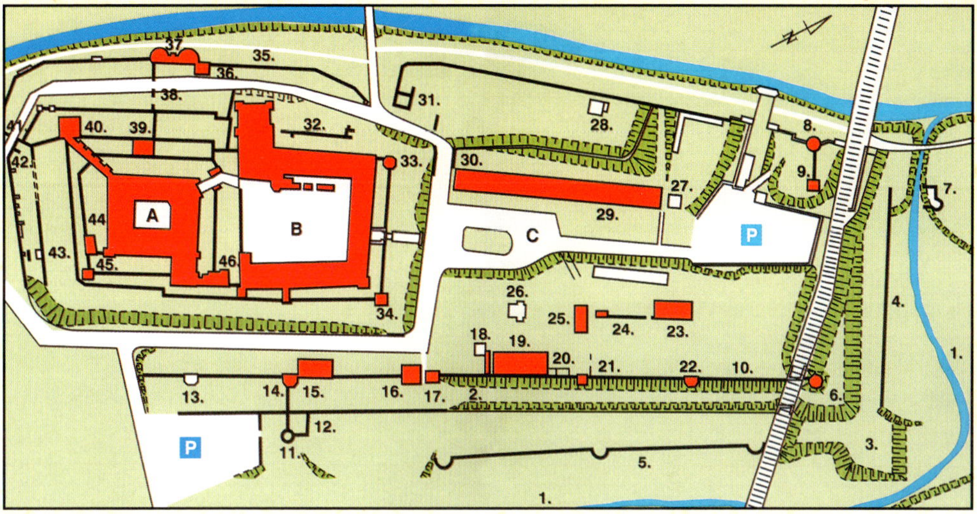


## ERKLÄRUNGEN:

A - HOCHSCHLOß
B - MITTELSCHLOß
C - VORBURG
1 - Mühlgraben
2 - Graben
3 - Schwedisches Schanzwerk (1656-1660)
4 - die nördliche Wehrmauer der Vorburg
5 - Bollwerk mit Basteien (1411-1448)
6 - Ortturm
7 - die nördliche Bastei
8 - Buttermilchturm (Lichtenauer Turm)
9 - Viereckturm
10 - die Wehrmauerlinie der Vorburg
11 - Neue Turm
12 - Neues Tor (Tor auf dem Sande)
13 - ein Turm ohne Namen
14 - Turm „Über der Bäckerei"
15 - Alte Schnitzhaus
16 - Schnitzturm
17 - Vogtturm (Türme 16 und 17 bilden das Schnitztor - Haupttor der Burg)
18 - Eintrittskartenverkauf
19 - Karwan (Zeughaus)
20 - Haus des Karwansherren
21 - Pulverturm
22 - Dreieckturm
23 - Gießhaus
24 - Reste der alten Schmiede
25 - Haus mit Lauben
26 - Haus der ehemaligen Schloßbauverwaltung
27 - neuzeitliche Wohnhäuser
28 - neuzeitliche Wohnhäuser
29 - Wirtschaftsgebäudekomplex (heute Hotel)
30 - St. Lorenzkirche
31 - Torturm mit dem Badehaus
32 - mittelalterliche Wehrmauer mit einem Turmrest
33 - Hahnenturm (Firmariedansker)
34 - Eckturm
35 - westliche Wehrmauer
36 - neuzeitliches Wohnhaus (heute Werkstätten des Schloßmuseums)
37 - Brückentor
38 - Nikolaustor
39 - Mühle
40 - Dansker
41 - Schuhtor
42 - Sperlingsturm
43 - Reste der Pforte und der Brücke
44 - Dietrichshaus
45 - Dietrichsturm
46 - Pfaffenturm und Glockenhaus

*Text:*
*Mariusz Mierzwiński*

*Begutachtung:*
*prof. dr hab. Marian Arszyński*

*Fotos:*
*Marek Żak*

*Graphischer entwurf:*
*Marek Żak*
*Oficyna Wydawnicza „Excalibur"*
*85-837 Bydgoszcz, ul. Koralowa 4*
*e-mail: excalibur@post.pl*

*Druckvorbereitung:*
*Jarosław Słaboszewski*
*www.made4web.pl*
*e-mail: jaroslaw.slaboszewski@made4web.pl*

*Druck:*
*Druk-Intro S.A. Inowrocław*
*88-100 Inowrocław, ul. Świętokrzyska 32*



*ISBN 83-903431-1-8*

OFICYNA WYDAWNICZA
EXCALIBUR